新型职业农民培育系列教材

农村电子商务

互联网＋农业案例模式

陈俊杰　刘玉军　宋兆文　主编

中国农业科学技术出版社

图书在版编目(CIP)数据

农村电子商务 / 陈俊杰，刘玉军，宋兆文主编. —北京：中国农业科学技术出版社，2016. 6（2024.12重印）

ISBN 978 - 7 - 5116 - 2613 - 4

Ⅰ. ①农…　Ⅱ. ①陈… ②刘… ③宋…　Ⅲ. ①农村 - 电子商务　Ⅳ. ①F713. 36

中国版本图书馆 CIP 数据核字(2016)第 116271 号

责任编辑　崔改泵
责任校对　杨丁庆

出 版 者　中国农业科学技术出版社
　　　　　北京市中关村南大街 12 号　邮编：100081
电　　话　(010)82109194(编辑室)　(010)82109702(发行部)
　　　　　(010)82109709(读者服务部)
传　　真　(010)82106650
网　　址　http://www.castp.cn
经 销 者　各地新华书店
印 刷 者　北京建宏印刷有限公司
开　　本　850mm ×1 168mm　1/32
印　　张　8
字　　数　208 千字
版　　次　2016 年 6 月第 1 版　2024 年12月第10次印刷
定　　价　28.00 元

《农村电子商务》

编委会

前　言

互联网进入中国已有20多年,电子商务在全球范围内的兴起和迅猛发展,均快速地改变着原有经济格局以及传统的经济运行方式与增长模式。互联网时代的电子商务在催生新经济和推动经济全球化中所表现出来的巨大能量,已经使其成为评价一国经济发展水平和可持续发展能力的重要指标。

今天,农村电子商务仍然是互联网界最敏感的话题。我国农民约占全国人口的2/3,长期以来,农产品流通主要是通过农贸市场来进行交易,远远不能满足农民的需求与供应。随着科技与互联网的不断发展,电脑在人们生活中越来越普及,网络同样也渗透到各行各业,不少农民通过互联网查找农产品信息,进行网上贸易。这种方式与传统交易形式相比,可以不受时间和地域的限制,其信息传播速度快,内容及时、丰富、图文声像并茂,并有良好的交互性,逐渐被农民朋友所认可。如今,互联网上农业信息四通八达,应有尽有,三分钟开设一个网上商店对于农民朋友来说也已不再是梦想,网上在线文字、语音、视频谈生意也已成为现实。

新一代的农产品网上交易市场的形成,很大程度上促进了农产品的流通。农业行业的电子商务也在随着农民对其认知度的提高而逐步地发展,电子商务的春天已经到来,加入农业行业的电子商务已走进农民的生活中,即时通讯、网上支付、虚拟社区、支付角、农贸通、供应链管理系统,这些以前农民听似神话的现代高科技,都已不再是神话与梦想。随着农村经济和农民文化水平的提高,网上交易逐步以简单直观的方式深入到广大农民中去,足不出户进行农产品贸易流通,将在十指弹动一瞬间!无论是农业技术的支持、农用物资的购买或农产品的订货、销售、运输、加工、广告与促销及付款等,无不伴随着信息的流动,信息实际上是整个农业大市场体系的纽带。

本书由浅入深、循序渐进地介绍了现代农村和农业电商、互联网时代电子商务模式、互联网时代电子支付等九个方面关于现代农业电子商务的内涵、发展过程、运营模式、存在问题和未来发展趋势的内容,并配有大量实例,让读者能够通过电子商务交易平台,轻松拉近生产者和消费者之间的距离,使农产品不再因为地域原因而滞销,还可以简化中间环节,增加收益,并能使越来越多的人意识到电子商务平台为农业行业带来的巨大好处,使越来越多的人加入农产品电子商务交易平台这个"大家庭",实现买卖双方的互利共赢,推动我国农业产业的发展。真诚希望有志于在现代农业电子商务领域大显身手的朋友读后从中受益。

在本书的编写过程中,借鉴了许多现行教材的宝贵经验,在此,谨向这些作者表示诚挚的感谢。由于时间仓促,加之编者水平有限,书中难免有谬误或不足之处,敬请广大读者批评指正。

编者

2016 年 5 月

目　录

第一章 现代农村与农业电商

现代农业的核心是科学化，特征是商品化，方向是集约化，目标是产业化。换句话讲，现代农业最核心的内容就是现代科学技术；现代农业必须用先进设备来解放人力；必须把从事农业的人集结起来，为了共同的目标，大家分工协作朝着产业链的方向努力；把有限的资源进行统一调配和使用，让资源配置更加高效；生产的农产品不是为了自给自足而是为了能卖出去，能赚到钱。

第一节 现代农业的含义

一、农业与现代农业

农业属于第一产业，是支撑国民经济建设与发展的基础产业，以有生命的动植物为主要劳动对象，以土地为基本生产资料，依靠生物的生长发育来取得动植物产品的社会生产活动。由于各国的国情不同，农业包括的范围也不同。狭义的农业仅指种植业或农作物栽培业；广义的农业包括种植业、林业、畜牧业、副业和渔业。一些经济发达国家，还包括为农业提供生产资料的前部门和农产品加工、储藏、运输、销售等后部门。现阶段，中国农业包括农业（农作物栽培，包括大田作物和园艺作物的生产）、林业（林木的培育和采伐）、牧业（畜禽饲养）、副业（采集野生植物、捕猎野兽以及农民家庭手工业生产）、渔业（水生动植物的采集、捕捞和养殖）。根据生产力的性质和状况，农业可分为原始农业、古代农业、近代农业和现代农业。

现代农业指广泛应用现代科学技术、现代工业提供的生产资料和现代生产管理方法的社会化农业。农业的根本特点是经济再生产与自然再生产交织在一起,受生物的生长繁育规律和自然条件的制约,具有强烈的季节性和地域性;生产时间与劳动时间不一致;生产周期长,资金周转慢;产品大多具有鲜活性,不便运输和储藏,单位产品的价值较低。中国幅员辽阔,从南到北跨热带、亚热带、温带和寒温带,农作物类型和作物栽培制度不同,从一年三季、一年两季到一年一季,区域间差异十分显著。农业是人类社会赖以生存的基本生活资料的来源,是社会分工和国民经济其他部门成为独立的生产部门的前提和进一步发展的基础,也是一切非生产部门存在和发展的基础。国民经济其他部门发展的规模和速度,都要受到农业生产力发展水平和农业劳动生产率高低的制约。

二、现代农业与传统农业有什么区别

传统农业单纯依靠农业内部物质循环,现代农业以科学技术为强大支柱,以现代工业装备为物质条件,是依靠增加大量现代工业装备和现代物质投入的、开放的高效农业系统。从发达国家的实践来看,现代农业主要有 4 个特点:一是以工业化带动农业现代化;二是机械动力替代人(畜)力、以信息技术控制来代替人工操作;三是城镇化促进农业劳动力的转移,而农业劳动力的减少和非农产业的扩大又推动城镇化向更高水平迈进,从而加快了城乡经济的协调发展;四是以农业机械化带动农业劳动生产率与土地生产率的不断提高。

现代农业以产业化为重要途径,伴随着市场经济的发展而发展,通过多种形式联合起来,实现产业化生产、一体化经营,使农业生产呈现专业化、规模化、科学化和商品化趋势。我国于 20 世纪 90 年代初提出了农业产业化经营的发展道路,这是符合现代农业发展趋势和要求的。在市场经济迅速发展、市场竞争十分激烈的情况下，家庭经营通过多种形式联合起来，实现产业化生产、一体化经营，使农业生产呈现专业化、规模化、科学化和商品化趋势，已成为现代农业发展的重要途径。农业是经济再生产与自然再生产交织在一起的过程，其发展既受自然因素的制约，也受生物规律和市场规律的制约。鉴于农业具有明显的基础性、公益性、战略性，发达国家和一些发展中国家政府在现代农业发展的不同阶段，都采取了一系列的有力扶持保护措施，在价格、信贷、税收、贸易、资源、科技、教育等方面制定相应的政策，推动了现代农业的全面发展。

现代农业的核心是科学化，特征是商品化，方向是集约化，目标是产业化。突破传统农业单纯或主要从事初级农产品原料生产的局限性，实现种养加（种植业、养殖业、加工业）、产供销（生产、供应、销售）、贸工农（贸易、工业、农业）一体化生产，使农业的内涵不断得到拓宽和延伸。突破传统农业远离城市或城乡界限明显的局限性，实现城乡经济社会和谐发展。突破传统农业部门分割、管理交叉、服务滞后的局限性，按照市场经济体制和农村生产力发展要求，建立一个全方位的、权责一致、上下贯通的现代农业管理及社会化服务体系。突破传统农业封闭低效、自给半自给的局限性，立足全球，发挥资源优势和区位优势，实现农产品优势区域布局、农产品贸易国内外流通，使之有利于资源的合理利用、先进科学技术的推广应用、优质农产品标准化生产和现代管理手段的实际运用，不断提高农业的经济效益、社会效益和生态效益。

第二节 电子商务与现代农业的结合

现代农业是以生物技术和信息技术为先导的、技术高度密集的科技型产业；现代农业信息技术是现代信息技术与农业科学相结合的新兴交叉学科，主要研究现代信息技术在农业领域应用的理论与方法，利用高新技术改造传统农业，为农业生产、经营管理、科学研究和技术推广提供新的思路、管理技术、试验手段和传播途径，促进传统经验型农业向现代精确型农业转变。农业信息化包括管理信息化、服务网络化、农作数字化、智能化和精准化。我国农业是传统的弱质产业，历来存在着生产经营分散、产品竞争力不强、流通环节多、交易成本高、标准化程度低等问题；面临小农户与大市场的矛盾，农产品流通已成为我国农业发展的致命弱点。如何建立一种市场信息流通、规范、高效的农产品流通新模式，已成为降低我国农产品交易成本，提高农业整体收益，保证农业持续稳定健康发展和促进农民增收的重大现实问题。而电子商务作为一种以信息网络为基础的商务信息平台，为解决以上问题提供了较成熟完善的技术条件。

发展农业电子商务，可以解决农业信息畅通问题。我国农业结构存在的问题主要集中在信息、技术、产品管理、配送问题上，而信息问题最为重要。发展农业电子商务，可为物质能源产业的信息化改革服务，更好地促进其沿时代的方向发展，从而形成信息商务化、数字化。可以将农业生产的产前、产中、产后诸环节有机地结合到一起，解决了农业生产与市场信息不对称的问题，可以帮助领导科学决策，指导生产者进行合理的生产，可以有效避免盲目发展带来的不良影响。目前，农业经济增长对物质投入的依赖趋于减少，而越来越依靠信息劳动，依靠人的智力和知识的投入。利用电子商务强大的网络功能，可以跨越时间和地域的障碍，使农产品供需双方及时沟通，使农业生产者能够及时了解市场信息，根据市场需求情况合理组织生产，以避免因产量和价格的巨大波动带来的效益不稳定，降低农业生产风险。

发展农业电子商务，可以解决制约农业发展的农产品流通问题，有利于拓宽农产品销售渠道。目前，我国农产品流通体系不仅在实现正常的产品流通上尚有问题，而且功能也不完善，更不能起到有效引导和组织生产的作用。农民虽然在多方面已经努力地去适应市场的需要，但在销售方面显然与市场经济的要求相去甚远，不能主动地选择最有利的市场去销售，而是被动地等待市场的选择。电子商务的发展无疑为解决农业发展中农产品的流通问题提供了广阔的空间，利用电子商务技术改造传统经济下的流通过程，形成由信息流、资金流、物流、商流组成的并以信息流为核心的全新流通流程，推动农业的新发展。通过电子商务构建的网络商务平台，可以实现农产品流通的规模化、组织化。一方面，可以使交易双方处于信息对等的地位，避免了因信息不对称而造成的利益损失；另一方面，还提供了一种新的农产品销售渠道和方式，让供求双方最大可能的直接进行交易，从而减少交易环节，降低交易成本。

第三节　农产品电子商务的基本概念

一、农产品的概念

农产品的定义有多种说法，《中国大百科全书·农业卷》将农产品解释为：广义的农产品包括农作物、畜产品、水产品和林产品；狭义的农产品则仅指农作物和畜产品。《经济大辞典·农业经济卷》将“初级产品”定义为：初级产业产出的未加工或只经初加工的农、林、牧、渔、矿等产品。其中有的直接用于消费，有的用作制造其他产品的原料。初级产品有的是未经加工的原始形态的产品，有的是经过初步加工的产品。《中华人民共和国农产品质量安全法》中所称的农产品，是指来源于农业的初级产品，即在农业活动中获得的植物、动物、微生物及其产品。这里讲的“农业活动”，既包括传统的种植、养殖、采摘、捕捞等农业活动，也包括设施农业、生物工程等现代农业活动。

“植物、动物、微生物及其产品”，是广义的农产品概念，包括在农业活动中直接获得的未经加工的以及经过分拣、去皮、剥壳、粉碎、清洗、切割、冷冻、打蜡、分级、包装等粗加工，但未改变其基本自然性状和化学性质的初加工产品。区别于经过加工已基本不能辨认其原有形态的“食品”或“产品”。这样来理解农产品的具体内涵有利于人们明确对象，有效采取措施。

二、农产品电子商务的基本概念

(一)农产品电子商务的定义

所谓农产品电子商务就是指围绕农村的农产品生产、经营而开展的一系列的电子化的交易和管理活动，包括农业生产的管理、农产品的网络营销、电子支付、物流管理以及客户关系管理等。它是以信息技术和网络系统为支撑，对农产品从生产地到顾客手上进行全方位、全过程的管理。发展农产品电子商务具有全局性、战略性和前瞻性，与国家建设社会主义新农村的战略相一致。

通过网络平台嫁接各种服务于农村的资源，拓展农村信息服务业务和服务领域，使之兼而成为遍布乡、镇、村的“三农”信息服务站。作为农产品电子商务平台的实体终端直接扎根于农村、服务于“三农”，真正使“三农”服务落地，使农民成为平台的最大受益者。

农产品电子商务平台配合密集的乡村连锁网点，以数字化、信息化的手段、通过集约化管理、市场化运作、成体系的跨区域跨行业联合，构筑紧凑而有序的商业联合体，降低农村商业成本、扩大农村商业领域、使农民成为平台的最大获利者，使商家获得新的利润增长点。

农产品电子商务服务包含网上农贸市场、数字农家乐、特色旅游、特色经济和招商引资等内容。一是网上农贸市场。迅速传递农、林、渔、牧业供求信息，帮助外商出入属地市场和属地农民开拓国内市场、走向国际市场。进行农产品市场行情和动态快递、商业机会撮合、产品信息发布等内容。二是特色旅游。依托当地旅游资源,通过宣传推介来扩大对外知名度和影响力。从而全方位介绍属地旅游线路和旅游特色产品及企业等信息,发展属地旅游经济。三是特色经济。通过宣传、介绍各个地区的特色经济、特色产业和相关的名优企业、产品等,扩大产品销售通路,加快地区特色经济、名优企业的迅猛发展。四是数字农家乐。为属地的农家乐(有地方风情的各种餐饮、娱乐设施或单元)提供网上展示和宣传的渠道。通过运用地理信息系统技术,制作全市农家乐分布情况的电子地图,同时采集农家乐基本信息,使其风景、饮食、娱乐等各方面的特色尽在其中,一目了然。既方便城市百姓的出行,又让农家乐获得广泛的客源,实现城市与农村的互动,促进当地农民增收。五是招商引资。搭建各级政府部门招商引资平台,介绍政府规划发展的开发区、生产基地、投资环境和招商信息,更好地吸引投资者到各地区投资生产经营活动。

尽管农产品电子商务的发展条件日臻成熟,但建立和完善农产品电子商务不是一朝一夕就能完成的工程,因此,农产品电子商务发展的道路任重而道远,还需要社会多方的共同努力。

(二)农业电子商务的定义

农业电子商务是指利用互联网、计算机、多媒体等现代信息技术,为从事涉农领域的生产经营主体提供在网上完成产品或服务的销售、购买和电子支付等业务交易的过程。农业电子商务是一种全新的商务活动模式,它充分利用互联网的易用性、广域性和互通性,实现了快速可靠的网络化商务信息交流和业务交易。

农业电子商务同样应以农业网站平台为主要载体,为农业电子商务提供服务,或直接服务、完成、实现电子商务,或直接经营商务业务的过程。农业电子商务,是一个涉及社会方方面面的系统工程,包括政府、企业、商家、消费者、农民以及认证中心、配送中心、物流中心、金融机构、监管机构等,通过网络将相关要素组织在一起,其中信息技术扮演着极其重要的基础性的角色。在传统社会经济活动过程中,一直就存在两类经济活动形式:一个是企业之间的经济活动,一个是企业和消费者之间的经济活动。从经济活动来说,无论是企业之间,还是企业与个人之间,只存在两种经济活动内容:一种是提供产品,一种是提供服务。

全球移动互联网大会(CMIC)最新发布:在我国,电子商务概念先于电子商务应用与发展,网络和电子商务技术需要不断"拉动"企业的商务需求,进而引致我国电子商务的应用与发展。了解这一不同点是很重要的,这是我国电子商务发展的一大特点,也是理解我国电子商务应用与发展的一把钥匙。

电子商务日益广泛的应用显著地拉动第三产业的发展,创造了大量的就业和创业机会,并在促进中小企业融资模式创新、推进企业转型、建立新型企业信用评价体系等方面发挥了积极的作用。

电子商务具有更广阔的环境:人们不受时间的限制,不受空间的限制,不受传统购物的诸多限制,可以随时随地在网上交易。在网上这个世界将会变得很小,一个商家可以面对全球的消费者,而一个消费者可以在全球的任何一家商家购物。使用电子商务能够实现更快速的流通和更低廉的价格,电子商务减少了商品流通的中间环节,节省了大量的开支,从而也大大降低了商品流通和交易的成本。如今人们越来越追求时尚、讲究个性,注重购物的环境,网上购物更能体现个性化的购物过程。

我国电子商务发展迅猛。据中国电子商务研究中心报告,2010 年,我国网上零售额规模达 5 131亿元,较 2009 年翻了一番,约占社会商品零售总额的3%,B2C(企业通过电子商务平台直接向终端消费者销售产品或提供服务)、C2C(通过电子商务平台,买方与卖方直接沟通的电子商务模式)、其他非主流模式企业数达15 800家，同比增长58.6%，预计2011年将突破2万家，网上零售用户规模达1.58亿人，个人网店数量达1 350万家，同比增长19.2%。预计到2018年，我国网上零售市场将会步入全新台阶，突破5万亿元大关，占全社会商品零售总额的20%以上。

(三)农村移动电子商务的定义

农村移动电子商务是指在建立农村移动电子商务平台的基础上，通过手机终端和农信通电子商务终端，建立起覆盖"县城大型连锁超市、乡镇规模店、村级农家店"的现代农村流通市场新体系，推进工业品进村、农产品进城、门店资金归集三大应用，实现信息流的有效传递、物流的高效运作、资金流的快捷结算，促进农村经济发展。以农产品进城为例，之前农产品的买方与卖方缺少信息沟通与交易的第三方中介，信息沟通与农产品交易不畅，推广农村移动电子商务后，农产品生产方(农户)与农产品购买方(城区超市)将建立起信息交互新模式，城区超市配送中心通过"农信通"电子商务终端向农村门店发出农产品收购需求，农村门店将信息发送到种养、购销大户手机上，确认采购意向后，再与城区超市配送中心确认订单，种养大户将相应农产品供应至农家店，城区超市配送中心在配送工业品的同时收购农产品返回城市。

三、农产品电子商务的发展优势

(一)经营成本低

零售企业开店投入的资金中，相当一部分花在地产租金上。在大城市，寸土寸金，一些繁华地带的租金动辄每平方米每年上万元，这样的高成本投入，使得我国零售企业很难拥有价格优势。而农村市场开发程度低，地价也大大低于城市，大大节约了企业的资金，降低了经营成本。另一方面，农村地区劳动力成本也大大低于城市。大城市人口密度大,消费水平高,劳动力工资水平自然也水涨船高,平均月工资多5 000元以上;中小城市、农村地区,收入水平与大城市整体相差悬殊。农村电子商务的成本低,进入门槛也较低。

(二)竞争阻力小

相对于大城市优胜劣汰的激烈商战,中小城市和农村的竞争要小得多。目前,占据这些地区商业领域的主要是一些地方的中小型商业企业以及为数众多的零散经营个体零售业者,普遍存在着规模小、布局混乱、组织化程度低、商品质量差等诸多问题。因此,我国商业零售企业正好可以充分利用自身在品牌、资金、管理等方面的优势轻松占领农村电子商务市场。除了直接投资开店之外,还可通过收购、兼并、嫁接、加盟等形式的资产重组形式吸纳那些当地不景气的商场、市场,实现低成本、大规模的扩张。

(三)市场潜力大

我国是一个农村人口占绝大多数的国家,70%以上人口分布在农村地区,从这个意义上说,只有占领了农村市场才是真正占领了我国市场。尽管现在农民的购买力相对比较低,但农村丰富的人口资源在一定程度上弥补了购买力的不足。从长远来看,我国要建设小康社会,农村经济的发展、农民收入的提高是可预期的,因此农民购买力的提高是一个必然趋势,农村电子商务市场的潜力是无限的。

四、农村发展电子商务的条件

我国的国家信息基础设施建设发展迅速,基本完成了框架结构,为我国农产品电子商务提供了良好的基础。原中国电信已建成开通了覆盖全国的数据通信网络。其中,中国公用分组交换数据网于1993年建成开通,是中国电信最早建成的数据通信网络,网络规模目前已经覆盖到2 200多个城市,并与世界上23个国家和地区的44个数据网互联。中国公用数字数据网1994年开通,目前骨干网已通达所有省会城市,覆盖到2 000个县以上城市和2 000多个经济发达地区的乡镇。中国公用计算机互联网目前已经有20多个省市的接入网建成,网络节点遍布全国200多个城市,并与美国等5个国家的12个运营商有直达路由连接。中国公用宽带网目前已覆盖全国所有省会城市,20个省的省内宽带网已基本建成。中国公众多媒体通信网主要提供国内信息服务和各种应用。

五、农业电子商务的发展阶段

(一)农业电子商务必经发展阶段

(1)政府为主体、从“无”到“有”的启动建设阶段。此阶段以政府为主导,以面向农民提供农业信息服务为主,兼顾涉农企业。

(2)企业为主体、政府补贴的媒体平台阶段。该阶段的盈利模式有3种:一是向农用生产资料企业收取广告费。由于在很多农村地区还未能解决“最后一公里”(即进入农家)问题,广告受众有限,所以广告收费难以维持公司的正常运营。二是政府提供项目经费支持。如在实施农业信息化建设项目、农村信息扶贫项目过程中,通过购买公司开发的手持终端机等方式,对公司给予财政上的支持。三是开展农业电子商务的公司,通过承包政府农业信息化项目建设,如软件开发、为政府提供技术支持等,获得财政上的支持。该阶段也有政府牵头、企业赞助的模式。不过,考虑到经济效益,企业赞助的区域范围及其所赞助的设备和技术是有限的。

(3)以企业为主体,搭建B2B商务平台。农民对市场信息的需求超越了简单的供求信息发布之后,就想通过更广阔的平台收获更大的经济效益,农产品电子商务将成为核心之一。

(二)农业电子商务的开展方式

(1)没有农业企业网站的电子商务。很多人认为农业企业要开展电子商务必须要建立自己的网站,其实,如果自身资源有限的话,可以不必建立独立的网站。目前,国内“百度一下”(baidu.com)可搜索到慧聪网、Ebay易趣、淘宝网、一拍网等著名的大型电子商务网站,它们为企业或个人提供了很好的电子商务平台,企业只需要在上面注册自己的网上商店,刊登自己的供求信息,就可以很好地推广自己,这样,企业就可以花少量的投资甚至免费来实现初级电子商务。

(2)拥有农业企业网站的电子商务。由于网站的级别不同,各农业企业开展的电子商务方式也不同。比如有的企业网站上面仅仅是提供企业名称,一些简单的产品介绍,联系方式,这种企业仅仅借助于网站,在互联网平台上介绍自己,好比一张名片,实际的商务活动实现仍然是传统的方式;而有的企业网站里面已经实现了在线购物,甚至在线付款等功能,完全可以利用互联网平台销售自己的产品和服务。农业企业选择什么样的网站形式,要根据自身实际来决定。

第四节　农产品电子商务的作用

一、电子商务提升农业竞争优势

基于信息系统整合的农业电子商务系统集各种专项系统的功能,为农户提供全方位服务,帮助农户以市场需求为指导,合理管理资源,安排生产,及时响应市场需要。它是一种全新理念和技术的结合,将突破传统管理思想,为农业带来全新的竞争优势。

(一)速度优势

基于系统整合的农业电子商务系统按整合的观念组织生

产、销售、物流方式，最快速度响应客户需求，给农业带来速度优势。

(二)顾客资源优势

传统农业生产经营是被动的，没有着眼于客户，更没有将客户作为资源纳入管理。整合的农业电子商务系统可通过各种方式收集客户及市场信息，为企业提供最直接最有价值的信息资源。

(三)个性化产品优势

整合的电子商务系统可以解决个体生产难以解决的品种单一问题。实现多产品、少批量、个性化生产。其一，它可在互联网支持下形成一套快速生产、加工、运输、销售计划；其二，在信息技术支持下，农户和农业企业可根据市场战略随时调整产品、重新组合、动态演变，适应市场变化；其三，柔性管理可实行职能重新组合，让每个农户或团队获得独立处理问题的能力，通过整合各类专业人员的智慧，获得团队最优决策。技术、组织、管理三方面的结合，使个性化农业生产成为现实。

(四)成本优势

整合的电子商务系统解决了产品个性化生产和成本是一对负相关目标这一矛盾。低生产成本、零库存和零交易成本，使农户在获得多样化产品的同时，还获得了低廉的成本优势。综合上述，中国农业发展需要一套集企业管理思想和各种信息系统于大成的，投资少、实用的电子商务系统。

农户甚至不用自己拥有网络设施和管理系统，只要在乡政府中心机房就可以实现农户个体管理企业化、电子商务化。

二、电子商务加速农村经济进步

(一)降低农业生产风险，促进农业产业化

我国目前的农业生产基本是以家庭为单位的小规模生产，农业生产者之间基本上不存在信息交流，农户往往凭借自己往年的价格经验来选择生产项目,确定生产规模。

农业产业化的实质是市场化,即以市场为导向,在农产品的生产和流通过程中实现生产、加工、销售一条龙,在经济利益上依据平均利润率的产业化组织原则实现生产、加工、销售一体化,即形成生产和流通利益共同体,把农户与市场联结在一起。通过电子商务强大的网络功能,跨越时间和地域的障碍,使农产品供需双方及时沟通,农业生产者能够及时了解市场信息,根据市场需求情况合理组织生产,以避免因产量和价格的巨大波动带来的效益不稳定,降低农业生产风险。农业产业化不同于计划经济条件下的农业生产经营方式,必须以市场需求为导向,优化调整农业结构,生产适销对路的产品,按市场机制配置生产要素,并要求农业产业化经营的各个环节和过程按市场机制组织活动。

(二)拓宽农产品销售渠道,减少环节,提高农业效益

我国目前的农产品流通体系尚不健全,因此农产品销售仍然存在着渠道窄、环节多、交易成本高、供需链之间严重割裂等问题。通过电子商务实现农业生产资料信息化,互联网将市场需求信息准确而又及时地传递给买卖双方,同时根据生产量需求信息传递给供应商适时补充供给。在业务模式上,提供了交易市场、农产品直销、招标等交易模式,自行选择最适合自己的方式,真正实现电子商务的效能。

(三)形成新型的农产品流通模式,促进相关行业的发展

我国农产品交易链及其通路过程存在环节多、复杂、透明度不高、交易信息对称性较差等问题。产业发展的基础是生产,但市场和流通是决定产业发展的关键环节。农产品流通不畅已经成为阻碍农业和农村经济健康发展、影响农民增收乃至农村稳定的重要因素之一。农产品的“卖难”及农产品的结构性、季节性、区域性过剩,从流通环节来看,主要存在两个问题:一是信息

不灵,盲目跟风。市场信息的形成机制和信息传播手段落后使农户缺少市场信息的指导。二是农产品交易手段单一,交易市场管理不规范。现在传统的方式主要是一对一的现货交易,现代化的大宗农产品交易市场不普及,期货交易、远期合约交易形式更少。通过建立以计算机联网为基础的农产品市场信息网络,实现网络营销和网上支付。保证了各地农产品销路畅通、供销协调。透明化的价格可以提高网上交易量,从网上获取产品和价格信息将增加产品的可比性和价格的透明度。由于不同地理位置产生的价格差别也将因不断增加的竞争而减小。

这将在生产资料价格上有利于农民,但是不利于其所生产的农产品价格。这就造成这样一个特别的现象:哪里存在许多有差别的农产品并有经常性的供给,哪里就需要生产资料供应专家为其服务。

生产商可以通过一个安全的市场获得收益,采购方从有保证的供应中受益,农业生产者可通过网上贸易受益,越是完善的网上市场越能为农民创造利润,甚至一些网站提供运费计算器,这样可以使交易者在价格、质量和运费之间选择最佳的组合,提高了农业效益。还可以把基于信任的个人接触的销售模式移植到网上,提供订单、合同的流转和管理,从而带动与农产品销售相关的金融、物流、交通、运输、电信等第三产业和服务业的发展,加快农业产业化的进程。

三、农业电子商务社会经济效益

(一)农业电子商务的直接效益

(1)降低管理成本。电子商务通过电子手段、电子货币大大降低了传统的书面形式的费用,节约了单位贸易成本。有统计显示,使用电子商务方式处理单证的费用是原来书面形式的1/10,可以有效节约管理成本。

(2)降低库存成本。可以实现“零库存”,大量的农产品库存意味着农业企业流动资金占用和仓储面积的增加,利用电子商务可以有效地管理农业企业库存,降低库存成本,这是电子商务在农业企业的生产和销售环节最突出的一个特点。通过电子商务还可以减少农产品库存的时间、降低农产品积压程度,进而实现“零库存”,库存量的减少意味着农业企业在原材料供应、仓储和管理开支上将实现大幅度的节省,尤其是在土地价格不断上涨的今天,更可以节约大量成本。

(3)降低采购成本。利用电子商务进行采购,可以降低大量的劳动力和邮寄成本,据统计,施乐、通用汽车、万事达信用卡3个不同行业、不同性质的企业,通过电子商务在线采购后,成本分别下降了83%、90%和68%。

(4)降低交易成本。虽然企业从事农业电子商务需要一定的投入(如域名、软件系统、硬件系统的维护费用),但是与其他销售方式相比,使用农业电子商务进行贸易的成本将会大大降低。例如,将互联网当作媒介做广告,进行网上促销活动,可以节约大量的广告费用而扩大农产品的销售量。同时农业电子商务进行交易,可以不受时间、空间的限制,全天候地进行网上交易。

(5)时效效益。通过农业电子商务,能够使交易双方提前回笼货品的应收账款,从而节约一大笔资金占用成本。时效效益的大小通常根据商家应收账款的数量和提前回笼时间的长短来估算。

(6)扩大销售量。通过电子商务,农产品可以打破地域的限制,扩大销售量,为农业企业获取更多的利润。

(二)农业电子商务的间接效益

(1)更好地客户关系管理。通过电子商务在互联网上介绍产品,可以为客户提供农产品的技术支持,客户可以自己查询已订购农产品的处理信息,这一方面使客户服务人员从繁琐的日常事务中解放出来,去更好地处理与客户的关系。而且使客户更加满意。

(2)促进信息经济的发展和全社会的增值。农业电子商务是目前信息经济中最具前途的发展趋势，是未来农产品贸易的发展方向，必将推动农业信息经济的发展。同时农业电子商务还将大幅度增加世界各国的农产品贸易活动，从而大大提高农产品贸易环节中多数交易的成交数量。

(3)其他收益。除此之外，农业电子商务还有很多难以测算的其他收益。例如，实施电子商务后，由于信息迅速、准确的传递，而获得的一系列的成本节约或收益。如广东农业企业专题信息发布、网站广告发布、定制信息分析服务、交易佣金等。

四、电子商务促进特色农业发展

有学者认为，决定一个产业竞争能力的因素主要有5个，即供应商、经销商、消费者、现有生产商、潜在进入者，这5种力量的彼此竞争决定了该产业发展的前景态势。那么，在电子商务环境下，特色农业的这5种力量会发生什么样的变化？

(一)电子商务对消费者的影响

电子商务环境下，消费者通过互联网可以了解众多商品的信息，而且对具体商品的各种功能与特征可以很方便地得到，因此，消费者的消费自主性得到极大的提升，个性化需求成为消费者的一个显著特点。而特色农产品由于其地域或功能的独特性，易于吸引消费者的目光。特别是主打绿色健康概念的特色农产品，很容易受到消费者的青睐。互联网成为人们工作、生活不可替代的工具，网上购物也成为消费者购物的新潮流。特色农产品的网上销售模式成为可能，从而使以往局限于特定地域的特色农产品通过互联网能够面向全球市场，销售半径的扩展使得扩大销售量成为可能。而网上店铺每天24小时在线商品展示及销售可以极大地节约销售成本。直接面向消费者也有利于收集消费者对于产品各方面的意见，对于产品质量的改进有着极为重要的作用。

(二)电子商务对生产商的影响

电子商务使生产商得以面对全球化的市场,一方面扩大了其销售半径,但另一方面也使其面临着全球化的竞争,以前特色农产品生产商的竞争对手可能主要局限于某一特定地域,而如今其将面临全球各地特色农产品的竞争,市场竞争的加剧势必影响各自市场占有率,进而影响着各自的效益。因此,产品之间的差异性变得更加重要,谁的产品更能满足消费者需求,谁就能在市场上获得更大的收益。互联网为特色农产品培育新的顾客群体提供了廉价的信息发布渠道,网上虚拟商店能以极低的成本每天 24 小时向消费者展示产品的特色。同时消费者使用后的反馈意见也可以很方便地在论坛上得以展现,网络口碑的传播能方便地为企业带来更多的新客户。

(三)电子商务对供应商的影响

特色农业的供应商主要是如种子、化肥、生产加工机械等相关生产资料的提供者,电子商务环境下,特色农产品的生产商通过互联网可以很方便地采购到所需的各种生产资料,而且能够货比多家,因而议价能力得以提升,价格更实惠。

(四)电子商务对经销商的影响

网上店铺直销方式的存在降低了特色农产品对传统商业模式中经销商的依赖,因而也能增加生产商对经销商的议价能力,同时互联网信息的快速传递,也易于生产商对经销商的沟通与掌控。

(五)电子商务对潜在进入者的影响

电子商务的出现,使传统特色农产品的利益市场全球化,市场容量的扩大为规模效益的实现提供了可能。另外,其对上下游环节的有效沟通提供了低成本且有效的方式,一定程度上降低了新进入者的成本,从而会有更多瞅准商机的企业进入这一市场。

由以上分析可知,电子商务具备使特色农业面临全球市场,降低其市场推广的销售成本,增强了生产商在供应链上下游环节的议价能力的优势。虽然,其也使市场竞争更趋激烈,但只要利用好电子商务这一利器,更好地锻造特色,就一定能为我国特色农业的发展助上一臂之力,变发展特色农业的可行性为现实性。

第五节　农产品电子商务的产生与发展

一、电子商务的产生

电子商务最早产生于20世纪60年代,发展于90年代,其产生和发展的重要条件主要是:

(1)计算机的广泛应用。近30年来,计算机的处理速度越来越快,处理能力越来越强,价格越来越低,应用越来越广泛,这为电子商务的应用提供了基础。

(2)网络的普及和成熟。由于Internet逐渐成为全球通信与交易的媒体,全球上网用户呈级数增长趋势,快捷、安全、低成本的特点为电子商务的发展提供了应用条件。

(3)信用卡的普及应用。信用卡以其方便、快捷、安全等优点而成为人们消费支付的重要手段,并由此形成了完善的全球性信用卡计算机网络支付与结算系统,使“一卡在手,走遍全球”成为可能,同时也为电子商务中的网上支付提供了重要的手段。

(4)电子安全交易协议的制定。1997年5月31日,由美国VISA和Mastercard国际组织等联合指定的SET(Secure Electronic Transfer Protocol)即电子安全交易协议的出台,以及该协议得到大多数厂商的认可和支持,为在开发网络上的电子商务提供了一个关键的安全环境。

(5)政府的支持与推动。自1997年欧盟发布了欧洲电子商务协议,美国随后发布“全球电子商务纲要”以后,电子商务受到世界各国政府的重视,许多国家的政府开始尝试“网上采购”,这为电子商务的发展提供了有力的支持。

二、电子商务的发展

(一)20 世纪 60—90 年代:基于 EDI 的电子商务

从技术的角度来看,人类利用电子通讯的方式进行贸易活动已有几十年的历史了。早在 20 世纪 60 年代,人们就开始了用电报报文发送商务文件的工作;20 世纪 70 年代人们又普遍采用方便、快捷的传真机来替代电报,但是由于传真文件是通过纸面打印来传递和管理信息的,不能将信息直接转入到信息系统中,因此人们开始采用 EDI(电子数据交换)作为企业间电子商务的应用技术,这也就是电子商务的雏形。

EDI 在 20 世纪 60 年代末期产生于美国。当时的贸易商们在使用计算机处理各类商务文件的时候发现,由人工输入到一台计算机中的数据 70% 是来源于另一台计算机输出的文件,由于过多的人为因素,影响了数据的准确性和工作效率的提高,人们开始尝试使贸易伙伴之间的计算机上的数据能够自动交换,EDI 应运而生。

EDI(Electronic Data Interchange):是将业务文件按一个公认的标准从一台计算机传输到另一台计算机上去的电子传输方法。由于 EDI 大大减少了纸张票据,因此,人们也形象地称之为“无纸贸易”或“无纸交易”。

从技术上讲,EDI 包括硬件与软件两大部分。硬件主要是计算机网络,软件包括计算机软件和 EDI 标准。

从硬件方面讲,20 世纪 90 年代之前的大多数 EDI 都不通过 Internet,而是通过租用的线路在专用网络上实现,这类专用的网络被称为 VAN(Value - Addle Network,增值网),这样做的目的主要是考虑到安全问题。但随着 Internet 安全性的日益提高,作为一个费用更低、覆盖面更广、服务更好的系统,其已表现出替代 VAN 而成为 EDI 的硬件载体的趋势,因此有人把通过 Internet 实现的 EDI 直接叫做 Internet EDI。

从软件方面来看,EDI 所需要的软件主要是将用户数据库系统中的信息,翻译成 EDI 的标准格式以供传输交换。由于不同行业的企业是根据自己的业务特点来规定数据库的信息格式的,因此,当需要发送 EDI 文件时,从企业专有数据库中提取的信息,必须把它翻译成 EDI 的标准格式才能进行传输,这时就需要相关的 EDI 软件来帮忙了。

EDI 软件主要有以下几种。

(1)转换软件(Mapper)。转换软件可以帮助用户将原有计算机系统的文件,转换成翻译软件能够理解的平面文件(Flat-file),或是将从翻译软件接收来的平面文件,转换成原计算机系统中的文件。

(2)翻译软件(Translator)。将平面文件翻译成 EDI 标准格式,或将接收到的 EDI 标准格式翻译成平面文件。

(3)通信软件。将 EDI 标准格式的文件外层加上通信信封(Envelope),再送到 EDI 系统交换中心的邮箱(Mailbox),或从 EDI 系统交换中心内将接收到的文件取回。

EDI 软件中除了计算机软件外还包括 EDI 标准。美国国家标准局曾制订了一个称为 X12 的标准,用于美国国内。1987 年联合国主持制订了一个有关行政、商业及交通运输的电子数据交换标准,即国际标准——UN/EDIFACT(UN/EDI For Administration Commerce and Transportation)。1997 年,X12 被吸收到 EDIFACT,使国际间用统一的标准进行电子数据交换成为了现实。

(二)基于互联网的电子商务的优势

基于互联网的电子商务比基于 EDI 的电子商务具有以下一些明显的优势。

(1)费用低廉。由于互联网是国际化的开放性网络,使用费用很便宜，一般来说，其费用不到 VAN 的四分之一，这一优势使得许多企业尤其是中小企业对其非常感兴趣。

(2)覆盖面广。互联网几乎遍及全球的各个角落，用户通过普通电话线就可以方便地与贸易伙伴传递商业信息和文件。

(3)功能更全面。互联网可以全面支持不同类型的用户实现不同层次的商务目标，如发布电子商情、在线洽谈、建立虚拟商场或网上银行等。

(4)使用更灵活。基于互联网的电子商务可以不受特殊数据交换协议的限制，任何商业文件或单证都可以通过直接填写与现行的纸面单证格式一致的屏幕单证来完成，不需要再进行翻译，任何人都能看懂或直接使用。

第六节　构建新型农业经营体系

在农业和互联网的融合上，有两种不同的看法：一种认为这种融合拥有广阔的前景；另一种则认为目前面临的形势很严峻。对于后一种看法，互联网和农业的融合遭到质疑的方面包括管理体系不完善、品牌建设困难、农村地区产业化程度低下和农民市场观念缺乏等。

在这方面，百度总裁李彦宏曾经表示，先利用互联网确保食品安全、建设农业的品牌，有了品牌之后，就能够整合包括种植或养殖、产品的加工、物流运输和销售等相关环节，接下来就可以向更深层次的领域进军，比如有机农业、高科技农业、旅游农业、休闲农业等方面，这样必定能够挖掘出农业领域的巨大潜力。

尽管一些商家已经尝试涉足农产品与互联网的融合，例如，京东、顺丰等，也有一小部分企业初步建立了自己的品牌，例如，360 大米。但是就目前的情况来说，农业与互联网的融合仍需要很长的时间去发展。不过，我们还是可以看看目前已有的这方面的实例,从中寻找发展的机会。

一、选择和决策

信息的收集和相关数据的处理在新品种的开发和筛选过程中显得尤为重要。这些信息不仅仅局限于市场流通方面,例如,某种产品在市场上的供需状况和相关信息,还应该了解对该产品有影响的方方面面,比如产品种植地的天气状况、种植/养殖的频发灾害、政府的政策变动等。

除此之外,还需要保证信息的及时准确和足够的信息量。同时,信息的收集需要和有关部门进行合作,而这些都需要互联网的参与。

人们对食品安全和健康的重视,也让我们将视线放回到源头,关注对于种植/养殖过程的监控和品质的管理。

人们生活水平的日益提高使人们在满足物质需求的基础上越来越重视生活质量,这要求我们从生产过程的最初环节出发,加强对产品种植/养殖的监管力度。

二、渠道的拓展

我们应该改变传统的想法,换个角度看问题,在农业与互联网的融合中,我们可以通过网络去改善农产品的流通环节而不是一味地去改变农产品。互联网在流通环节为农业的发展提供了更多元的渠道和更方便、快捷的流通方式,也调动了农民从事电商的积极性和主动性,这也使农村的生产方式根据市场需要更加注重相互之间的合作或者进行集中生产,使农民更加注重品牌建设和产品的渠道开发(也可以称为“商品意识”)。

这些改变促成了一些专门经营农产品的电商群落,比如,三只松鼠、菜管家、易果网等。自此,许多商家看到了农产品与互联网结合的发展前景(也有部分商家将农产品经营与社会化媒体如电视等结合)。

360大米的营销方式反映出商家在销售中对产品种植环节的重视。互联网企业在农业领域的涉足,使商家在农产品种植环节就通过互联网与买方进行沟通,使自己的产品更加能够迎合市场需求。

在这方面做得比较好的电商还有中农网电子交易平台,这个网络平台的交易涉及大宗类产品(棉花、食用糖等)和农产品。这种方式被称为"B2B业务"。所谓农产品"C2C",指的是农户采用快递等物流方式将自己种植的农产品送到消费者面前。"聚划算"的"开心做地主"项目也是这个模式运作。

三、资金和保障

肯尼亚为了方便小农户之间进行交流互动,建立了"DrumNet"网络平台。平台不仅为农户提供了全面而丰富的信息咨询,还能够按照用户的意愿使操作界面符合其特定要求。

"DrumNet"平台还与商业银行合作,向小农户和零售商提供小额贷款服务,只是以非现金的方式进行。小农户或零售商通过"DrumNet"的贷款服务从商业银行得来的贷款会直接到达农资公司,小农户能够在这里获得养殖或种植所需的生产资料。银行可以运用网络和现代通信技术对借款人的生产、销售、资金的运用等活动进行追踪查询,借款者的销售所得会自动回笼到收取他们贷款的账户。除此之外,肯尼亚还创建了一套农业保险系统,这套系统以搜索功能为基础,向小农户提供天气预报和市场行情,与保险人的互动非常紧密,可以运用这个系统对保险还款进行监控追踪,并且能使诉讼过程得到完善。

同样的例子还有大北农集团打造的事业财富共同体综合服务项目,该项目为经销商提供财务和信息服务渠道,把经销商的经营信息和信用数据集中起来。国内一些地区也在尝试促进农业生产和合作,这些尝试以经济投资为杠杆,成为农村金融改革的重要组成部分。

关于开展农村电子商务，资金和保障体系的改革正在农村地区发生着，并且针对的对象是农民，他们在资金方面的需求没有集中性，而且抵抗风险的能力低并且没有抵押的物品。目前，一些地区为了解决农民对小额信贷的需求开始了网络信用体系的建设。网络在信息收集和分析方面强大的功能也有效解决了农业保险的赔付难题。

The Climate Corporation 是美国的一家公司，该公司向农民提供天气方面的农业保险。这家公司的信息平台中保存有 250 万个信息采集点的气候信息，根据平台提供的信息和现实中对土壤的分析、植物根部构造的研究以及大量的模拟实验得出天气结果来服务农业生产。

另外，中央出台的农业政策可能改变土地资产的流通情况和流动方向。阿里的“土地宝”虽然冒着相当大的政策风险，但也是对新模式的探索。

四、商业化

考虑到我国的多数农产品行业没有进行品牌建设，对农村信用和市场方面的认识也不足，许多企业和商家，比如 360 生鲜、中粮我买网都通过企业自己的农产品产地或者定向直接采购的方式保持正常运营。

经营专业合作和股份合作的农民合作社在 2013 年年末的注册数量达到 98.24 万家，有 7 412 万农户入社，也就是说 28.5% 的农户参加了农民合作社。农民合作社成为农村地区实现农业的商业化转变、与互联网融合的主体。

例如，近年来，浙江省遂昌县逐渐发展成淘宝县，不仅在经营当地的特色产品（比如茶叶、竹炭等）上获得了成功，而且通过特色生鲜品在电子商务领域的团购营销模式为农业产品在网络平台的营销开拓了新的渠道。该县为了成功实现农民合作社和农业企业、农民的商业化，以电子商务带动农产品的发展，寻求特色农产品经营企业与网店协会的合作，使产品更符合消费者需求，为经营者带来利润。

农民虽然是分散的个体，但借助于网络平台提供的信息，也能够作为一个个独立的经营机构在网上经营自己的农产品。

农民生产的农产品通常都品种单一，那么他们在与销售者和零售商沟通中就会发现，他们的产品不完全符合市场的需求，如果能够突破自身的范围限制与面对同样问题的其他人进行合作，或者和农产品经营机构合作，就能打开市场。除此之外，农民也能在合作中借助合作方的品牌为自己的产品名誉增值，或者改变品种的单一性来迎合市场需求。

行业专家认为，借助互联网平台将个体拓展为独立经营机构的方式加强了农产品的经营与相关企业的联系，在这种联系下形成的合作组织可以超越地域和时间的限制，也能突破行业局限。如果合作范围能够进一步扩大的话，农民可以与分散的农产品销售者合作，在网络平台上作为一个虚拟公司共同经营，并且在产品经营过程中相互学习产品生产和销售方面的经验知识。

五、增值能力

《失控》的作者凯文·凯利曾经指出，信息对称性问题的解决是互联网发挥的最大作用。确实，信息不对称的问题是当前农产品市场中存在的最大问题。也就是说，现在我国生态农业产业链的最大困难是市场信息的不对称，解决了这个问题，就能加快农产品的品牌建设。

第二个问题是如何把分散的客户在网络平台上组织起来，打造农产品的企业品牌，提高农产品的附加值。物质生活使消费者更注重商品的安全和质量，这就要求产品经营者在进行网络营销时抓住市场需求，发掘产品的渊源，努力让消费者从产品最初的生产环节到最终的消费环节都能感受到产品的可靠性。

将农业与电子商务融合可以让农产品生产者与消费者之间直接沟通，简化了产品的流通过程，减少了流通环节，减少了产品在流通过程中的损耗，降低了流通成本，从而使产品的市场价格更加合理，与产品价值也更加相符。

借互联网的电子商务从事农产品的经营是对生产和销售关系的本质变革，利用网络平台提供的信息数据获知市场动向和需求，从市场需求出发进行农产品的生产，并利用多种手段实现更高收益。

把互联网和农业结合的新思想和新实践是对传统农业经营的彻底变革，在产品生产、销售、企业品牌的建设和农村地区商业意识的提高等方面助益良多，能够切实解决农产品销售难的问题。

第二章　互联网时代的电子商务模式

第一节　互联网时代的电子商务模式概述

一、互联网时代电子商务模式的含义

商业模式是指一个企业从事某一领域经营的市场定位和盈利目标,以及为了满足目标客户主体需要采取的一系列的整体战略组合。具体来说,它是为了实现客户价值最大化,将能使企业运行的内外各要素整合起来,形成一个完整、高效的具有核心竞争力的运行系统,并通过最优的实现形式满足客户需求、实现客户价值,同时使系统达成持续盈利目标的整体解决方案。简单而言,它主要研究企业通过什么方式或途径来获得利润。虽然商业模式的概念在 20 世纪 50 年代就已经被提出,但直到 90 年代才被广泛使用和推广。

创建商业模式的一般思路和过程如图 2－1 所示。

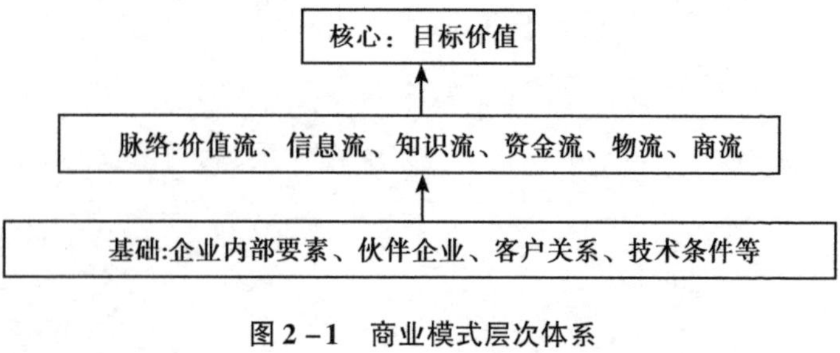

图 2－1　商业模式层次体系

由此可见,商业模式是以目标价值为核心,以实现目标价值

的各种流为主要脉络，以实现各种流的管理为基础的层次体系。

互联网时代电子商务模式实际上是电子商务的商业模式，可以这样来描述它：电子商务模式是企业运用信息技术特别是网络技术从事生产经营和服务活动、创造利润以维持自身生存与发展所采取的方法与策略的组合。它是在网络环境下，通过对企业经营方式和价值增值过程的仔细分析，确定企业如何将信息技术尤其是网络技术与企业生产经营活动过程紧密结合，实现企业利润目标最大化、赢得企业核心竞争力的战略组合。

处于价值链中的企业以其核心竞争力提供效益最大化的增值服务是互联网时代电子商务成功运作的关键。例如，在国际贸易中，让每个中小企业都单独开展电子商务，既不经济也不现实，主要原因在于：一方面，企业太小，品牌知名度不高，在全球环境下一般鲜为人知，很难被客商发现。此外，产品的可信度和服务质量未被人们接受和认同，影响产品交易和服务工作的展开；另一方面，中小企业要想依靠自身的力量建设规范的电子商务交易系统，并与银行、运输、保险、商检以及其他相关部门的网络链接，是十分困难且极不经济的。因此，需要找到一种适合这类企业应用电子商务的商业模式并建设电子商务的应用系统平台，使中小企业能够发挥其核心竞争力。

在网络经济时代，究竟采取哪种网上商业模式进行运作，是企业需要仔细研究并认真对待的问题。网络环境下的企业生产经营模式与在传统市场环境下的市场运作模式是不相同的，究竟差别在哪里，需要企业根据自己的业务去发现，并将价值增值过程发掘出来。

【拓展阅读】

eBay 易趣

目前在我国，每天大约有几十万，甚至上百万人在互联网上进行着交易。这些不见面的卖家和买家，在网上看货、砍价、成交。他们所创造的销售金额并不亚于国内诸多有名的大商场。随着宽带进入更多家庭，计算机等外设设备性能提高、价格降低，个人上网的条件越来越好。我国已成为全球使用互联网人数最多的国家。庞大的上网人群将产生一个规模可观的上网购物用户群，这也是众多国际和国内互联网从业者进入这一市场的原因。美国网上销售巨头 eBay 以 1.8 亿美元收购易趣美国公司的全部股权，并推出联名拍卖网站 eBay 易趣，进入中国市场，就是一个强烈的信号。

eBay 易趣的商务活动是发生在消费者之间的，以拍卖、竞价的方式切入商务活动。卖方借助 eBay 易趣尽可能展示目标商品的详细信息，买方则通过 eBay 易趣了解商品状况并在线报价，卖方再根据所有参与竞价的买方提交的报价和有关资料决定是否与其达成交易。这种模式是伴随着互联网的普及而发展起来的，很适合个人物品、二手物品、收藏品的交易。

二、互联网时代电子商务模式的内涵

根据电子商务模式的定义，可以得出其内涵包括以下 3 层含义。

（一）商务活动内容

要先了解企业的生产经营，弄清楚维持企业生存与发展的业务内容是什么。对于不同的企业，其生产经营的内容是不同的。由提高企业核心竞争力所需的工作分析得出，企业的商务活动内容应该围绕提高企业核心竞争力而展开，如生产型企业主要推出能够满足消费者需求的产品并提供优质服务，服务型企业主要从事产品贸易及提供相关服务。

（二）价值增值方式

由于企业商务活动的内容不同，其获取利润的方式也不同。例如，生产型的企业主要依靠产品的附加值获取利润；服务型企业分为两类——流通型和增值型，其中流通型服务企业主要通过产品的批零差价获取利润，而增值型服务企业则通过各种增值服务赚取利润。例如，外贸企业的进出口业务主要通过提供进出口贸易代理服务，为其他生产型企业提供市场信息、产品设计指导、营销、采购、咨询等一系列相关的增值服务获取利润。此外，对于自营进出口业务的企业来说，以产品销售差价或代理佣金的形式从代理客户或接受服务的企业取得相应的劳动所得收入，是它们主要的价值增值方式。应用电子商务之后，这类外贸企业主要通过电子商务综合服务平台为其他企业代理业务、提供服务、自营业务等，从而获取利润。

（三）应用系统建设

如何安排好商务活动在互联网上正常运行并使之在网络环境下的价值增值过程中创造出比以前更大的价值，一直是应用系统建设需要考虑的重点问题。

应用系统的建设包括硬件与软件环境的建设，如计算机系统的选型、网络设备的安装与调试、系统软件与应用软件的开发与应用等。互联网时代电子商务模式的应用主要是基于电子商务业务模式下的价值增值方式的具体过程，以及实现这个过程的电子商务应用系统框架建设。

三、互联网时代电子商务模式的特点

互联网时代电子商务模式是企业商业模式在网络经济环境下的具体应用，其特点体现在以下 3 个层次。

（一）目标价值层次

在传统经济中，企业商业模式的构建以企业利润最大化为目标，对于顾客利益和价值链中其他企业的利益通常考虑较少，因此，存在着供需矛盾和企业之间的矛盾。供需矛盾的产生，主要是因为供应链企业间的供需关系不透明,它还会因“牛鞭效应”[①]而放大;企业之间的矛盾的产生,主要是因为价值网络中处于相同或相近角色的企业之间存在竞争,导致无法实现本来可以通过协作达到的高效率。然而,在电子商务模式下,这种状况得以改变。企业利用电子商务平台进行信息共享、快速沟通,使顾客的价值需求得到满足,并使供应链间的企业实现信息的快速交换。只有当供应链间企业的信息和资源都实现了共享,各企业通过彼此协商、谈判和沟通达成价值目标最大化的共识,并在此基础上进行协同作业,才能实现利益共享,使价值增值并达到最大化。

(二)“流”层次

基于目标价值的电子商务模式的核心在于具有建立一个规范的互联网时代电子商务环境以及不断提升电子商务技术的应用能力。在电子商务模式中,“流”层次中各种“流”的作用和地位与传统商业模式不同,已经发生了变化。价值流、信息流和知识流成为关注的对象,基于“流”的处理能力表现在不断采用新的理论和方法。先进的技术能使信息流以更快、更稳定的方式流动;知识能够在更广泛的范围内实现共享并得到应用。另外,通过对价值流的分析和重新设计,在整个价值网络中可以从以下两个方面来增加新的价值:一是消除无效或效率低下的运转环节,以大幅度降低交易成本;二是增加已存在的商业活动价值,以提升整个产品或服务的新增价值。

(三)使能性实体层次

在互联网时代电子商务环境下,企业向外延伸扩展,必然会拓展企业伙伴关系网络,也会增加企业协同作业机制在使能性实体层次中的重要地位。使能性实体是上层结构实现的基础。

---

① 牛鞭效应是对需求信息扭曲在供应链中传递的一种形象的描述

四、互联网时代电子商务模式的分类

对于互联网时代电子商务模式的分类，主要存在以下两种方法。

（一）麦肯锡咨询公司的互联网时代电子商务模式分类

世界著名的全球管理咨询公司——麦肯锡管理咨询公司认为，主要有3种新兴互联网时代电子商务模式，即销售方控制的商业模式、购买方控制的商业模式和中立的第三方控制的商业模式。

其中，销售方控制的商业模式是只提供信息的卖主网站，可通过网络订货的卖主网站；购买方控制的商业模式是通过网络发布采购信息，是采购代理人和采购信息收集者的偏好的模式；中立的第三方控制的商业模式提供特定产业或产品的搜索工具，包括众多卖主的店面在内的企业广场和拍卖场。

（二）以企业和消费者作为划分标准的分类

获得互联网时代电子商务界一致认同的分类方法是以企业和消费者作为划分标准，分别划分出企业对消费者、企业对企业和消费者对消费者等电子商务模式。

第二节　B2C 电子商务模式

B2C 电子商务模式是企业通过互联网直接向个人消费者销售产品和提供服务的经营方式，是消费者广泛接触的一类电子商务，也是互联网上最早创立的电子商务模式。

一、我国互联网时代 B2C 电子商务模式的发展历程

结合我国互联网时代电子商务的发展历程，可以说，我国互联网时代 B2C 电子商务模式的发展经历了以下几个典型阶段。

(一)1997—1999 年:萌芽阶段

我国的互联网时代电子商务始于 1997 年。1999 年,“8848 网上超市”的创建是我国 B2C 电子商务模式开始发展的一个标志。1999 年,我国网上消费总额为 5 500万元,仅占当年全社会消费品零售总额的很小一部分,但对于尚处于萌芽阶段的 B2C 互联网时代电子商务模式而言,预示着美好的发展前景。这一阶段,综合的 B2C 网站受到广泛关注,国内涌现了一大批 B2C 电子商务网站,如当当网、E 国等。

(二)2000—2002 年:停滞阶段

受到互联网泡沫的影响,2000 年下半年,我国网上零售市场进入停滞阶段。在此阶段,垂直 B2C 逐步兴起,并成为主导。随着互联网泡沫的破裂,这一时期也暴露了中国 B2C 电子商务模式存在的诸多问题,如停留在简单模仿国外电子商务经营模式,并未考虑自身特点;重技术、轻商务等。这一时期出现的网站有 18900手机网、蔚蓝网、搜易得等。

(三)2003—2005 年:迅速反弹阶段

从 2002 年年底开始,尤其是 2003 年,重症急性呼吸综合征(非典型性肺炎)的爆发给人们的日常生活带来了严重影响,却使得电子商务市场出现反弹。与此同时,国内的 B2C 企业也受到了投资者的青睐,这对中国的 B2C 电子商务的发展起到了积极的作用。2003 年起,我国 B2C 市场产业链逐渐成熟,市场规模稳步提升。随着我国电子商务宏观环境的进一步改善,网民人数的快速增加,网上安全支付系统的逐步普及以及物流配送系统规模的扩大,2004 年以来,我国 B2C 站点进入了高速发展期。例如,京东商城、红孩子网、饭统网、PPG 等均是在这一时期出现的网站。

(四)2006 年至今:快速发展阶段

虽然经历了 2008 年的金融危机,但整体而言,从 2006 年开始,我国的 B2C 电子商务模式进入了一个快速发展阶段。这一阶段涌现了更多的 B2C 网站，如麦包包、逛街网、凡客诚品、好乐买、Justyle 等。易观国际的研究数据表明，2007 年之前，中国线上 B2C 用户在线购买的商品种类以图书、音像等出版物以及虚拟产品为主，当当网、卓越亚马逊、云网一直占据市场份额的前三位，而随着红孩子网、PPG、北斗星手机网等垂直领域线上 B2C 厂商的进入，母婴用品、男士衬衫、手机等产品的在线销售开始获得线上 B2C 用户的认可。2009 年上半年，中国网络购物市场交易规模已经突破 1 000亿元，而这其中 B2C 商城业务的增长最为迅猛。艾瑞咨询的数据显示，截至 2009 年 5 月，B2C 网上商城覆盖人数接近 1.3 亿，B2C 商城用户增长率已经连续 3 个月领先 C2C 平台。目前，中国的线下零售商逐步开展 B2C 业务，产业链上下游深度合作。同时，B2C 电子商务市场规模的扩大，支付、物流和信用环境的进一步完善，也为 B2C 电子商务模式提供了更好的发展环境。虽然我国的网购市场主要源于 C2C 的兴盛，但 B2C 的迅猛发展势头却被更多人看好。2010 年，我国 C2C 市场的"领头羊"淘宝网也宣布将正式进入 B2C 电子商务市场，受到了业界的广泛关注，这显示了中国互联网电子商务平台的盈利模式正在发生结构性变化。2014 年，天猫网购全年交易额突破 800 亿元；京东商城全年交易额也达到 309 亿元。全国的 B2C 总交易额达到 2 400亿元，同比增长 130%。

二、互联网时代 B2C 电子商务模式的分类

互联网时代 B2C 电子商务模式主要有两种分类方式。

（一）按照企业和消费者的买卖关系分类

从企业和消费者买卖关系的角度来看，B2C 电子商务可分为卖方企业—买方个人的电子商务、买方企业—卖方个人的电子商务以及综合模式的电子商务 3 种模式。

1. 卖方企业—买方个人的电子商务模式

卖方企业—买方个人是一种卖方（企业）向买方（个人）销

售商品或服务的模式。在这种模式中，卖方首先应在网站上开设网上商店，建立交易平台，公布商品或服务的名称、价格、品种、规格、性能等，供消费者选购；然后消费者在线选购、下订单并支付货款；最后由商家或第三方物流企业将商品送到消费者手中。

在这种模式中，企业不需要开设实体店铺即可与消费者进行“零距离”的沟通和交易，不仅节省了店铺租金和人员工资，还能及时得到消费者的反馈，及时调整库存和配送计划，进一步节约运营成本。对于消费者而言，他们足不出户即可“货比三家”，能够获取更多、更透明的商品信息，极大地降低了购物的繁琐性，又节约了购物时间，获得了更多的便利。这种模式中比较典型的代表是卓越亚马逊。

2. 买方企业—卖方个人的电子商务模式

买方企业—卖方个人是一种买方(企业)向卖方(个人)求购商品或产品的模式。这种模式在企业网上招聘人才活动中应用最多。在这种模式中，企业首先在网上发布需求信息，然后应聘者上网与企业洽谈。这种方式在当今社会中极为流行，因为它建立起了企业与个人之间的联系平台，使得人力资源得以充分利用。

3. 综合模式的电子商务

综合模式的电子商务结合了上述两种模式，企业和个人都在网上发布信息，然后企业进行网上面试或者个人上网寻找企业进行洽谈。现在许多的人才招聘网站都在采用这种模式。

(二)按照交易的客体分类

按照交易中客体的性质，可将 B2C 电子商务模式分为销售无形产品或服务的电子商务模式和销售有形产品的电子商务模式。前者是一种完全的电子商务模式，后者则是一种不完全的电子商务模式。

1. 销售无形产品或服务的电子商务模式

无形产品又称为虚拟产品,如电子信息、音乐、电影、充值卡、计算机软件、游戏等,它们可以直接通过网络传输而获得。销售无形产品或服务的电子商务模式主要有网上订阅、付费浏览、广告支持和网上赠予等4种。

(1)网上订阅。网上订阅是指消费者在网上订阅企业提供的无形产品或服务,并通过网络进行浏览或消费的模式。网上订阅主要被商业在线机构用来销售报纸杂志、有线电视节目等,其形式又分为在线服务、在线出版、在线娱乐等。

(2)付费浏览。付费浏览是指企业通过网页安排向消费者提供计次收费性网上信息浏览和信息下载的电子商务模式。在这种模式中,消费者可以根据自己的需要,有偿购买企业所提供产品和服务的其中一部分,从而可以作为一种产品或服务的试用体验。

(3)广告支持。广告支持是指在线服务商免费向消费者或用户提供信息在线服务,而营业活动全部用广告收入来获得的模式。此模式是目前最成功的电子商务模式之一。

(4)网上赠予。网上赠予是一种非传统的商业运作模式,是企业借助于国际互联网用户遍及全球的优势,向互联网用户赠送软件产品,以扩大企业的知名度和市场份额。通过让消费者使用该产品,促使消费者下载一款新版本的软件或购买另外一个相关的软件。

2. 销售有形产品的电子商务模式

有形产品是指传统意义上的实物产品,其电子商务活动中的查询、订购、支付等环节虽然可以通过网络实现,但最后的交付环节仍然要通过传统的方式来实现。

(三)按照销售的模式分类

1. 商品直销模式

商品直销模式是网络销售中最常见的一种模式。它是消费者与生产者之间或者需求方与供给方之间直接通过网络开展买卖活动的模式。其最大特点是减少了中间环节,供需双方直接交易,费用低、速度快。商品直销模式示意图如图2-2所示。

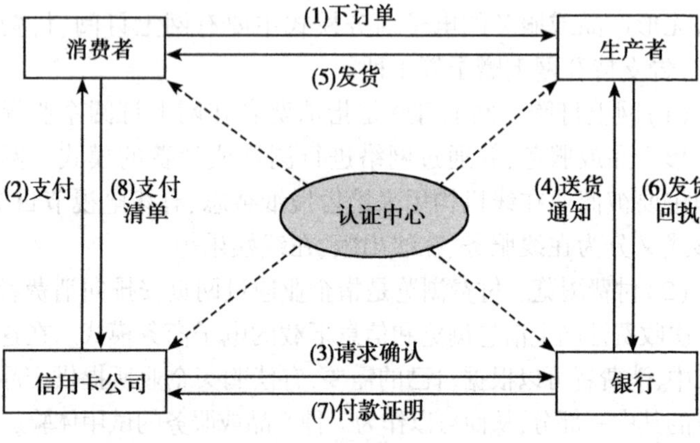

图2-2　商品直销模式示意图

2. 网上专卖店模式

网上专卖店模式一般面向价值相对较高、专业化程度较高或个人需求差异较明显的商品,如汽车、高档首饰、高档服装等。这主要是由于网上专卖店能为消费者提供一对一的定制服务,而提供这种服务的成本往往较高,普通商品的利润不足以支撑这种服务。

3. 网上销售联盟模式

在互联网时代B2C电子商务活动中,有些交易并不是以单个企业对消费者的形式出现的,而是同类型、同行业的多家企业同时为消费者进行服务。将这些企业联合起来的中介称为销售联盟中介,所形成的模式称为网上销售联盟模式。

采用网上销售联盟模式的企业往往比较分散,纪律性不强,自发集中交易的成本比较高。在销售联盟中介出现后,便能以较低的成本将各个分散的企业迅速集中起来,随时发现并响应消费者提出的组合服务需求。例如,消费者通常借助旅行社来预订整个旅途上的食、住、行等活动,旅行社根据消费者的具体需求将相关活动拆分给整条线路上的各个饭店、旅店、航空公司等,此时就由旅行社来担任销售联盟中介的角色。

4. 网上代理模式

网上代理也是近些年迅速发展的 B2C 电子商务模式之一,其形式包括买卖履行、市场交换、购买者集体议价、中介代理、拍卖代理、反向代理、搜索代理等。有些大型企业为了将精力更好地集中于核心业务,而将一些非核心的服务业务转交给一些代理公司,让其为消费者提供售前、售后咨询等业务,这样不仅可以降低企业的运营成本,还可以为消费者提供更加专业的服务。

三、互联网时代 B2C 电子商务模式的交易流程

互联网时代 B2C 电子商务交易中的参与方主要有消费者、商户(企业)、银行、认证中心等,其整个交易流程如图 2－3 所示。

下面以当当网首页为例,简要介绍 B2C 模式的交易流程。

(1)注册。消费者要在某个商户的网站上进行购物,一般需要注册为该网站的会员,填写相关信息,以便商户维护客户和后期送货。

(2)浏览搜索商品。消费者在登录商户网站后,即可浏览并搜索自己想要的商品。利用当当网提供的搜索栏,消费者可以进行较为精确的搜索。

(3)选定商品并提交订单。当消费者选定自己想要的商品后,点击“购买”,即可将商品放入“购物车”。在“购物车”中,消费者可以查看商品的名称、价格、数量以及金额总计等信息,并可以调整商品的数量,取消某些商品,甚至清空“购物车”,重新选择商品。

(4)确认订单信息。消费者进一步确认购物车里的商品信

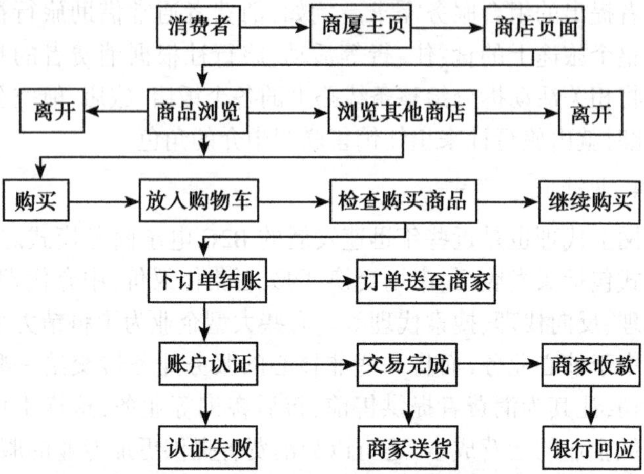

图 2－3　B2C 电子商务交易流程

息后，点击“结算”，进入确认订单信息环节。在这一环节，消费者主要确认收货人信息、送货方式、付款方式、商品清单，以及确认是否需要发票或使用礼品卡、礼券。

为了保证商品配送的顺利进行，消费者需要认真核对收货人信息栏中的收货人姓名、地址、联系电话等信息。

当当网的送货方式主要有 3 种：普通快递送货上门、加急快递送货上门和邮政特快专递 EMS。其中，前两种方式支持货到付款。为了方便消费者，当当网在普通快递送货上门中还提供了选择送货上门时间的服务，如只限周一到周五上班时间送货或者周六、周日休息时间送货。

网上支付和货到付款是消费者最常用的两种支付方式。如果消费者选择了“网上支付”，则需要先开通网上银行。当当网提供了招商银行、中国工商银行、中国农业银行等十种网上支付渠道。

(5)提交订单，完成支付。当所有订单信息确认无误后，点击“提交订单”，网站将自动生成订单号。如果消费者选择的是网上支付方式,则需要继续进行网上支付操作。至此,网上操作部分基本结束。

(6)商户送货。商户在收到消费者订单后便需要尽快组织送货,并根据消费者提交的送货信息合理安排配送时间和配送方式。消费者也可通过提交订单后生成的订单号在网站上实时查询订单状态,了解送货进度。

另外,如果消费者对此次购买不满意,还可以修改订单,甚至取消订单。

四、互联网时代 B2C 电子商务的收益模式

不同的互联网时代 B2C 电子商务网站的收益模式不尽相同,但总体而言有以下几种。

(一)收取服务费

收取服务费是指开设 B2C 网上商店的商家向参与网上购物的对象收取服务费。在这种模式下,消费者除了要按商品价格付费外,还要向网上商店支付一定的服务费。例如,Peapod 网上商店(peapod. com)除了要求每位网上购物的消费者交纳实际购买商品的费用外,还要求其支付 5 美元订货费和占订货总金额 5% 的服务费。尽管消费者要交纳服务费,但他们仍愿意在该网站上购买商品。其主要原因有:消费者感觉在这里购物比较方便,能够节约购物时间;消费者可以使用 Peapod 提供的优惠券来减免一部分货款,从而节约购物支出;消费者可以经过充分比较后再购买商品,从而减少计划外购物,获得自己真正需要的商品。

另外,B2C 网上商店通过引入联营商的概念,不仅加速了 B2C 电子商务模式的发展,也为网上商店增加了新的利润点。与传统零售渠道收取各项服务费相似,品牌商入驻各大 B2C 网上商店也需要支付一定的费用。目前,我国各大 B2C 网上商店收费标准不一,以当当网为例,其手机数码、服装等商品的扣点率为 4%,此外还有平台使用费。

(二)实行会员制

网络交易服务公司一般采用会员制,按不同的服务范围收取会员费。一般有两种方式:一是按时间(如按年、月、季)收取固定的会员费,二是根据实际销售规模按比例收取会员费。目前,大多数 B2C 电子商务网站都实行会员制。

(三)低价策略

扩大销售量是 B2C 网上商店盈利的最直接方式。为了扩大销售量、提升企业知名度, B2C 网上商店往往会采用低价策略。例如,京东商城在其首页上部最醒目处设置特价专区,每天限时推出特价商品,以吸引消费者。在降低价格的同时,京东商城也扩大了销售量,进而获得了丰厚的利润。

第三节　互联网时代 B2B 电子商务模式

一、我国互联网时代 B2B 电子商务模式的发展历程

互联网时代 B2B 电子商务是指企业间的电子商务交易模式,即企业之间通过互联网进行产品、服务及信息的交换。虽然 B2C 和 C2C 模式发展迅猛,但目前世界上 80% 的电子商务交易额是发生在企业之间,而不是在企业与消费者或消费者与消费者之间。B2B 电子商务模式仍然是电子商务业务的主题,约占电子商务总交易量的 90% 。我国 B2B 电子商务模式的发展历程可大致分为以下几个阶段。

(一)萌芽阶段

这个阶段为 1998—2000 年。在 1997 年以前,我国 B2B 电子商务的主要任务是发展政府项目,比较有代表性的是"三金工程(金关工程、金卡工程、金桥工程)"。从 1999 年开始,受国外 B2B 电子商务模式成功发展的影响,我国成立了第一批 B2B

电子商务平台，如阿里巴巴等。

（二）起步阶段

这个阶段为2001—2003年。受互联网经济泡沫的影响，这一阶段的B2B电子商务平台发展得比较艰难，大部分较早涌现的B2B电子商务平台因无法继续经营而消失。

（三）发展阶段

这个阶段为2004—2008年。经历了艰难的起步阶段，从2004年开始，以阿里巴巴为代表的互联网时代B2B电子商务平台开始稳定盈利，许多行业垂直互联网时代B2B电子商务平台也在各自的领域崭露头角，这个行业再次受到关注，电子商务阵营开始分化。此时的互联网时代B2B电子商务交易主要有国际贸易、国内行业贸易和商品流通贸易。

（四）多样化发展阶段

这个阶段为2008年至今。虽然这一阶段之初就遭遇了金融危机，但经过了前面几个阶段的发展和积累，中小企业利用电子商务的意识逐步提高，我国的B2B电子商务开始呈现多样化发展趋势。具体表现为：在发展方式上，综合类B2B平台进一步细化发展方向，且涌现了一大批垂直类电子商务平台；同时，电子商务平台的模式也在发展，网站除了提供信息服务外，还提供在线支付和物流配送服务，使用户直接实现在线交易。

二、互联网时代B2B电子商务模式的分类

（一）按互联网时代电子商务面向行业的范围不同分类

根据互联网时代电子商务面向行业的范围不同，目前B2B电子商务模式主要分为两类：垂直B2B电子商务和水平B2B电子商务。

1. 垂直B2B电子商务

垂直B2B电子商务主要面向实体企业，包括制造业、商业

等行业的企业。这种模式的特点为:所交易的物品是一种产品链的形式,可提供行业中所有相关产品、互补产品或服务,追求的是“专”。由于垂直网站面对的是一个特定的行业或专业领域,所以运作这类网站需要较深的专业技能。专业化程度越高的网站,越需要投入昂贵的人力资本来处理较狭窄、专门性的业务,这样才能发挥该虚拟市场的商业潜能。我国比较有名的垂直B2B电子商务网站有我的钢铁网、中国化工网、鲁文建筑服务网等。

垂直B2B电子商务可以分为上游和下游两个方向。生产商或零售商可以与上游的供应商之间形成供货关系,如戴尔公司与上游的芯片和主板制造商就是通过这种方式进行合作的。生产商与下游的经销商可以形成销货关系,如思科系统公司与其分销商之间进行的交易就是采取这种方式。

2. 水平B2B电子商务

水平B2B电子商务主要面向所有行业,是一种综合式的B2B电子商务模式。它将各个行业中相近的交易过程集中到一个场所,为买方和卖方创建一个信息沟通和交易的平台,让他们能够分享信息、发布广告、竞拍投标,为他们提供一个交易机会。

水平B2B电子商务网站并不一定是拥有产品的企业,也不一定是经营商品的商家,它只为买卖双方提供一个交易的平台,将它们汇集在一起。这类网站追求的是“全”。我国这类网站比较多,现在发展得也较好,如阿里巴巴、慧聪网、全球制造网等。

(二)按交易的媒介不同分类

1. 企业间模式

(1)企业内联网模式。企业内联网模式是指企业有限地对商业伙伴开放,允许已有的或潜在的商业伙伴有条件地进入自己的内部计算机网络,进行商业交易相关操作。这种模式有利于信息的定向收集与保密，也可以与合作伙伴进行更为专业和深入地沟通、交流。但企业在采用这种模式时一定要注意网络的安全性问题。

(2)企业与外部企业间模式。这种模式下，企业与其已有的或潜在的商业伙伴主要通过互联网进行沟通和交流。企业利用自己的网站或网络服务商的信息发布平台，发布买卖、合作、招投标等商业信息。

2. 中介模式

中介模式是指以网络商品中介为媒介进行 B2B 电子商务交易的模式。它是通过网络商品交易中心，即虚拟市场进行的商品交易，是现在 B2B 电子商务交易中一种重要且常见的模式。在这种交易过程中，网络商品交易中心以互联网为基础，利用先进的计算机软件技术和网络通信技术，将卖方、买方、银行、认证中心等紧密地联系起来，为客户提供市场信息、商品交易、货款结算、配送储存的全方位服务。

3. 专业服务模式

专业服务模式是指网上机构通过标准化的网上服务，为企业内部的管理提供专业化解决方案的 B2B 电子商务模式。这种模式不仅能带给企业非常专业的服务，而且能帮助企业减少开支、降低成本，还能提高客户对企业的信任度和忠诚度。

三、互联网时代 B2B 电子商务模式的交易流程

互联网时代 B2B 电子商务的交易流程可简单归纳为以下几步。

(一)交易前

在进行交易前准备时，买方首先应明确自己想要购买的商品，准备好足够的货款，并制订相应的购买计划；然后搜寻信息，寻找合适的卖家。找到卖家后，买卖双方可就交易事宜进行沟

通,如买方向卖方询价,卖方再向买方报价,并说明商品的具体信息,落实商品的种类、数量、价格、交易方式等。

买卖双方在进行交易之前都需要尽可能详细地了解对方的情况,如对方的信用状况、财务状况、送货情况等。如果进行的是国际贸易,还要注意了解对方国家的贸易政策、交易习惯等。买卖双方应尽可能向对方提供更多的信息,以促成交易的成功。

(二)交易中

买卖双方利用电子商务系统就所有的交易细节进行商谈,然后将协商结果制作成文件,签订合同,明确双方各自的权利、义务,标的商品的种类、数量、价格,以及交货时间、交货地点、交货方式、违约条款等。最后,双方还需要到银行、保险公司、运输公司、税务部门等办理预付款、投保、托运、纳税等相关手续。

(三)交易后

这个环节的核心任务是商品的配送与接收。卖方须根据合同约定,在完成备货、组货后将向买方发货;买方在收到卖方发来的货物后,也必须按照约定检验并接收货物。如果交接活动正常进行,买卖双方将在完成发货和接货后,进行款项的结算,至此整个交易过程告终;如果中途出现违约情况,双方将根据合同约定进行索赔和赔付。

网络商品中介交易模式是一种常见的B2B电子商务交易,其交易流程如图2-4所示。图中虚线表示认证中心的认证及反馈过程。

四、互联网时代B2B电子商务的收益模式

一般而言,互联网时代B2B电子商务网站的收益模式主要有以下几种。

(一)收取会员费

企业通过互联网时代B2B电子商务平台参与电子商务交

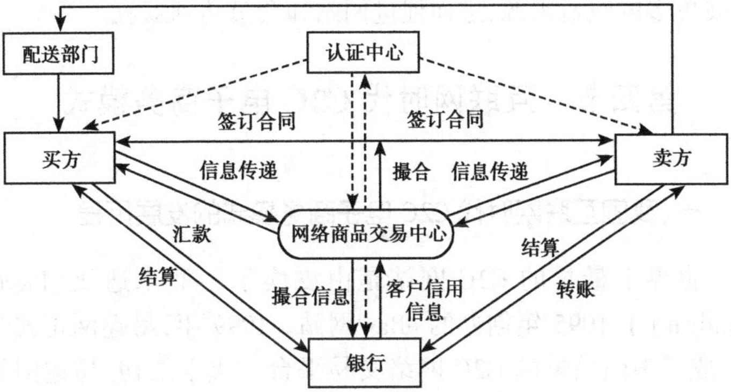

图 2－4　网络商品中介交易的交易流程

易的前提是注册成为该网站的会员，而会员需要每年缴纳一定的会员费，才能享受网站提供的各种服务。目前，会员费已成为我国 B2B 电子商务网站最主要的收入来源。

（二）收取广告费

网络广告是门户网站的主要盈利点，也是 B2B 电子商务网站的主要收入来源。一般 B2B 网站会有弹出广告、漂浮广告、Banner 广告、文字广告等多种表现形式供用户选择。

（三）收取竞价排名费

竞价排名是近几年广泛应用的推广模式。企业为了促进产品的销售，都希望在 B2B 电子商务网站的信息搜索中排名靠前。为了满足企业的这种需求，一些 B2B 电子商务网站推出了竞价排名的服务方式，在确保信息准确的基础上，根据会员交费的不同对其排名顺序进行相应调整。例如，阿里巴巴的竞价排名是诚信通会员专享的服务，当买家在阿里巴巴搜索供应信息时，竞价企业的信息将会排在搜索结果的前几位。

除了上面提到的 3 种常规收益模式外，信息化技术服务费、代理产品销售费、交易佣金费、展览或活动费等也逐步成为 B2B 电子商务网站的收益渠道。这些服务多为增值性的，能为网站拓展更多的收益来源,进而促进网站和会员达到双赢。

第四节 互联网时代 C2C 电子商务模式

一、我国互联网时代 C2C 电子商务模式的发展历程

世界上最早的 C2C 网站是由皮埃尔·奥米迪亚(Pierre Omidyar)于 1995 年创办的 eBay 网站。1999 年,易趣网正式开通,成了中国最早的 C2C 网络交易平台。成立之初,易趣网很快占据了我国 C2C 市场的半壁江山。2002 年,eBay 与易趣结盟,成立了 eBay 易趣,强强联手,希望一举打入中国市场。但就在 2003 年,阿里巴巴推出了淘宝网,打破了 eBay 易趣一家独大的局面。在强大的母公司——阿里巴巴的支持下,淘宝网从创建伊始就推出了免费政策,即在淘宝网上注册开店不需要支付任何费用。在淘宝网的强大压力下, eBay 易趣于 2006 年与 TOM 在线进行合资,形成了如今的易趣网。

2005 年,腾讯公司推出拍拍网,并于 2006 年 3 月正式运营。2008 年,百度推出的电子商务网站——百度有啊正式上线。2002 年,我国网络购物总额只占全国消费品销售总额 0.04%的比重,而到 2006 年,这一比重已经达到 0.41%,增长了 10 倍多。现在我国的互联网时代 C2C 电子商务平台已经形成了淘宝网、拍拍网、易趣网三足鼎立的局面。

二、互联网时代 C2C 电子商务模式的分类

互联网时代 C2C 电子商务模式主要分为拍卖模式和店铺模式两种。其中,拍卖模式主要是指互联网时代电子商务企业为买卖双方提供一个网络拍卖平台,按比例收取交易费用的模式。

网络拍卖是利用网络进行在线交易的一种新模式,它可以让商品所有者或某些权益所有人在其平台上独立开展以竞价、

议价方式为主的在线交易模式。目前网络拍卖主体的形式有拍卖公司、网络公司以及拍卖公司和网络公司或其他公司联合形成的主体。其中较为常见的是网络公司,我国主要以易趣网、淘宝网为代表。

店铺模式主要是指电子商务企业为个人提供开设网上商店的平台,以收取会员费、广告费或其他服务收费来获取利润的模式。

开设网上商店是现在较为常见的创业方式。用户只需要了解目标网上商城的入驻条件、竞争力、基本功能和服务等情况,就可以开设网店了。虽然入门门槛不高,但要建设和经营好一家网上商店则需要用户积累丰富的经验并投入大量的精力。

三、互联网时代 C2C 电子商务模式的交易流程

互联网时代 C2C 电子商务模式的基本交易流程如图 2－5 所示。

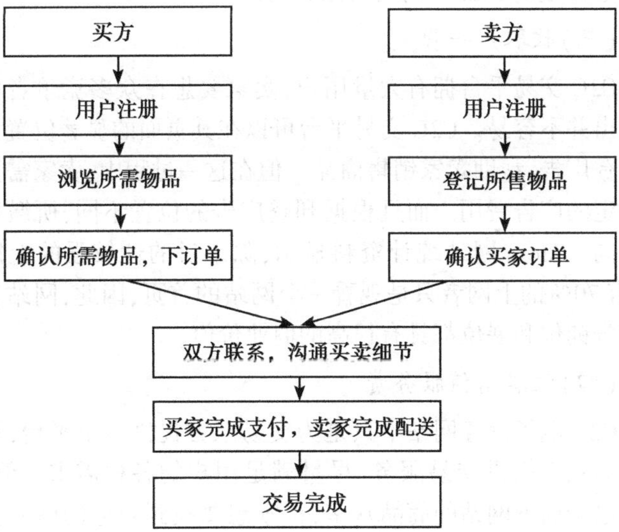

图 2－5　C2C 电子商务模式的基本交易流程

四、互联网时代 C2C 电子商务的收益模式

目前,互联网时代 C2C 电子商务网站的收益模式主要有以下几种。

(一)收取产品展示费

卖家想在 C2C 交易平台上展示其商品,需要向该交易平台支付一定的费用。如果卖家想对商品进行修饰,如添加商品照片、运用特殊字体等,还要另外缴费。

(二)收取交易服务费

如果卖家在 C2C 交易平台上交易成功,则必须按销售价格的一定比例付费给交易平台,通常这个比例根据产品的价格上下浮动。例如,在 eBay 上,25 美元以下的交易要缴纳 5% 的交易服务费,25 ~1 000美元要缴纳 2.5% 的交易服务费,1 000美元以上要缴纳 1.25% 的交易服务费。

(三)收取广告费

C2C 交易平台拥有大量用户,卖家要想在众多竞争者中脱颖而出并不容易。C2C 交易平台可以在其页面的显著位置为卖家刊登广告,帮助卖家销售商品。但在这一过程中,卖家需要缴纳一定的广告费用。而且根据刊登广告的位置不同,所缴费用也不同。Alexa 网站统计资料显示,除了目的性较强的上网者外,有 70% 的上网者只是观看一个网站的首页,因此,网站首页的广告铺位和展位都具有很高的商业价值。

(四)收取增值服务费

C2C 电子商务网站不只是为交易双方提供一个平台,更多的是为双方提供交易服务,尽量满足用户的各种需求。例如,C2C 电子商务网站的商品众多,买家想要找到合适的商品并不容易,网站可以推出搜索服务来提高效率。同时,卖家可以通过购买关键字来提高自己的商品在搜索结果中的排名,进而达成

更多的交易。此外,卖家还可以通过付费享受店铺设计、店铺推广等多项服务。

第五节　其他互联网时代电子商务模式

一、互联网时代 G2B 电子商务模式简介

G2B 模式即政府与企业之间通过网络进行交易活动的运作模式,如电子报税、电子通关、电子采购等。

G2B 模式比较典型的例子是政府网上采购。政府往往通过这种模式在网上进行产品或服务的采购和招标。G2B 模式操作相对透明,不仅能有效降低采购成本,还有利于找到更加合适的供货商。

G2B 模式的推广让需求商对供应商的选择扩展到全世界的范围,双方能够得到更多的产品和需求信息,供应商也能通过网络获得更多的投标机会。

二、互联网时代 G2C 电子商务模式简介

G2C 模式是指个人消费者与政府部门之间的电子商务。其中的“C”可以理解为 consumer,也可理解为 citizen。政府可通过 G2C 网站向公民提供各种服务。

目前,我国 G2C 模式的网站主要由政府主导,但一般并不限于 G2C 一种功能。例如,南京市政务大厅不仅有对企业的业务处理,也有对个人的业务处理。

三、互联网时代 G2G 电子商务模式简介

G2G 模式,即政府对政府的电子商务模式。这种模式既包括上下级政府、不同地方政府之间的电子商务活动,也包括不同政府部门之间的电子商务活动。

G2G 模式是电子政务的基本模式之一,具体实现方式有政府内部网络办公系统、电子法规、政策系统、电子公文系统、电子司法档案系统、电子财政管理系统、电子培训系统、垂直网络化管理系统、横向网络协调管理系统、网络业绩评价系统、城市网络管理系统等 11 个方面。简言之,传统的政府与政府间的大部分政务活动都可以通过网络技术的应用高速度、高效率、低成本地实现。

四、互联网时代 ASP 电子商务模式简介

ASP 模式,即信息化应用服务提供商运作模式,是指由电信网络作为中介,牵头组织多家拥有优质产品和丰富行业经验的上下游企业参与运作,通过整合电信基础业务产品与电信增值业务产品,为中小企业的信息化提供优质的企业信息化解决方案和服务。

ASP 模式的优势在于可以充分利用各方的比较优势,为供应商提供更多机会,为客户提供价格低廉、稳定可靠、多样化的电子商务产品,从而实现双赢甚至多赢局面。

五、互联网时代 P2P 电子商务模式简介

P2P 是 peer to peer 的缩写,可以理解为"伙伴对伙伴"的意思,即对等联网。P2P 模式的优势是可以直接将人们联系起来,让人们通过互联网直接交互。这种模式消除了中间商的环节,使买卖双方的沟通变得更加容易和直接。

六、互联网时代 X2X 电子商务模式简介

X2X 是 exchange to exchange 的缩写,可理解为"交易到交易"模式,它是在网上电子交易市场的不断增加,导致不同的交易市场之间也需要实时动态传递和共享信息的情况下产生的,是 B2B 电子商务模式的一次深入发展。

第六节　构建“农企＋农产品电商”的商业模式

一、我国农业现阶段的特征

我国的农业发展历史悠久，具有良好的基础，但是仍然存在许多不足的地方，如果农业企业想要迅速与网络结合，就会受到非常严峻的考验。我国农业现在所处的发展阶段有以下特征。

（一）从分散型到订单型

政府出台过有关粮食作物的扶持政策，但是，以前我国农作物的生产和销售是相互脱离的，也就是说农民与消费者之间缺乏沟通平台，中间商则借机层层提高商品价格。这样的模式使得农作物陷入流通过程拖沓烦冗、农产品成本增加的恶性循环。

农产品通常需要4～6个环节才能完成整个流通过程（从农民到消费者），农民收获的农产品会出售给收购商，再由收购商将产品转送到产地批发市场，经过运输，产品到达销地批发市场，最后消费者在超市、菜市场、农贸市场购买所需的产品。在这个流通过程中的消耗使得最终农产品的价格变成之前的两倍，因为除去管理费用和上缴的税金以外，每增加一个流通环节就会将农产品的成本提高5～10个百分点。

订单型农业能够有效提高农产品的流通效率，在农民和农产品消费者之间建立交流渠道和桥梁，极大地节约了产品的成本。

（二）农产品质量参差不齐，品牌混乱，缺乏企业品牌

中国的地理环境决定了中国农业物种丰富，不同的地理区域中有独具特色的农产品，但是许多具有地方特色的农产品都属于地域品牌而不是企业品牌，比如东北大米、新疆葡萄干、长城板栗、西双版纳蜜柚，甚至包括著名的西湖龙井。这样的情况

造成农产品的质量达不到统一的标准,缺乏企业品牌,也难以进一步推广。最终受损的还是商家,他们投入大量资金却得不到相应的经济效益。

地域品牌只能在小范围内取得一定的经济效益,想要在整个国内市场甚至国际市场上立足,就要依靠像“都乐”这样的企业品牌,都乐的菠萝和香蕉享誉全球,因而也能卖出好价格。

当前我国的农业企业忽略了品牌的塑造,缺乏农产品企业品牌,但也说明这方面蕴含着巨大的潜力,应该抓住时机,在农业连接互联网的同时打造农产品企业品牌。

二、困境:农业电商面临的三大问题

(一)企业自身发展不完善

★中国企业长期以来依赖人工管理,企业的现代化程度低,不能充分利用具有丰富信息资源的互联网,信息管理系统并没有大范围应用到企业内部,更不用说是农业企业,而那些配备信息管理系统的小部分企业也只是注重表面功夫,不能有效利用信息价值进行企业的发展。

★企业不能充分认识品牌的影响力,忽略企业品牌建设,也没有打造自身品牌或者农产品品牌的宏观计划,不能依靠品牌效应提高产品价格,也无法从中获得更多的利润。小部分企业的地域品牌效益低下,还有一些具备企业品牌的企业,不能发挥品牌在市场竞争中的作用,也不会进一步完善企业品牌。

★企业接受新事物的能力差,农业企业固守传统观念,缺乏对电商的清晰认识和发展趋势分析,局限的视野让许多企业在电子商务面前缩手缩脚,不敢尝试,他们没有认识到当前互联网在商业发展中的作用,不知道应该怎样将互联网运用到企业经营中,也跟不上电子商务迅速发展的潮流。

(二)无法与客户建立直达订单的关系

农业企业对电子商务的接触不够,不能有效利用现代信息手段从策划、市场、营销等各环节降低成本和实现价值增值,与客户之间无法高效沟通,而必须经由中间商,这都是农业企业没有网络运营经验的证明。

(三)客户需求呈现多样化

★供需矛盾更加激烈,供过于求的现象频发。在农业领域,农产品没有统一标准,由于顾客所处的区域变化,他们也会产生不同的选择,所以客户的最终需求很难把握。这样,农业企业的生产和客户需求之间产生脱节,造成过多的产品积压。这是传统农业企业面临的难题之一。

★在流通过程中,大幅度的成本增加降低了企业的回报率,而农产品又通常无法长期保鲜,如蔬果、肉制品等通常需要很高的保鲜手段,这就要求这类农产品在尽可能短的时间内完成整个流通过程到达消费者手中,否则,时间越长,成本越高,产品的损耗越多。一些商家对产品进行的临时保鲜处理一定程度上能够减少产品损耗,但也无法做到产品质量始终如一。这也不利于企业自身品牌的建设和维护。

★经过众多流通环节,农产品的市场价格通常与其质量不匹配,多数消费者既想购买到质量好的商品,又不愿意出太多的钱。前期没有注重品牌建设和推广使得企业生产的产品在消费市场上没有牢固的群众基础和良好的口碑保证,企业也就无法从品牌效应和包装效果中获得增值,即使企业进行了大量的前期投入来保证产品的质量也无法在市场上以高价格进行出售。

三、破局:农业电商的突围之道

(一)与专业从事农业经营的机构进行合作

农业企业想要获得消费者的青睐,让自己的产品在消费者心中树立起地位,首先要做的是让消费者记住自己的品牌,之后,企业应该发展长期客户,让消费者增加对该类产品的消费频率和消费额度,也可以向消费者推荐本企业的其他产品,这样,当消费者产生需求时就会自然而然地购买该企业的产品。

要达到这样的效果,需要企业的坚持不懈,需要企业寻找在农业和电子商务方面有见解和经验的专业经营机构并求得合作。

专业从事农业经营的机构会与企业形成良好的互动关系,根据调查和企业提供的信息数据制定策略,在企业的生产和销售等方面提供指导,使企业的产品符合市场需求。

农业企业不仅需要建立电子商务体系,更需要通过有效的客户引导性营销,真正实现“以销定产”,在损耗可控的条件下,稳定企业销售利润。同时,还能通过及时、全面的信息情报,申请政策资金的支持和投资商的支持,有效解决企业发展过程中的资金瓶颈及相关政策问题。

(二)直接与消费者连接

★建设实体连锁店。在城市各个区域开设店铺,多种方式(直营或加盟)经营企业的特色农产品,依靠自身力量进行产品运输,在店面进行产品推广和品牌营销。宜家宜厨是河北的生鲜连锁企业,该企业在城市的各个社区开店面,主营生鲜蔬菜,同时经营粮食、食用油、干货等农产品,以商品价格合理、品质优良取得消费者的青睐,也为企业品牌做了很好的推广。

★发挥品牌效益。实行适合企业自身的 CIS 品牌规划,重视品牌推广方面的投资,发挥品牌的拉动效益,积极促进消费。可利用多种方式来推广品牌和吸引消费,比如向消费者展示公司实力,在消费者集中的地区和时间段进行品牌的展示等。洪山菜薹是武汉的特色产品之一,将洪山菜薹的历史和其种植地的稀缺纳入产品的营销中,运用道家哲理进行品牌推广,让产品具有了文化附加值,既吸引了消费者对高价值产品的关注和选购,也为企业带来了品牌拉动作用下的利润。

★利用网络平台连接企业与消费者。电子商务运营在互联网平台上将企业与消费者连接起来。消费者直接与企业取得沟通,企业根据消费者所下的订单进行安排,也可以在电子商务平台宣传自己的产品和品牌。

★将电子商务向复合型方向发展。综合分析企业内外的情况,充分利用企业自身的品牌、渠道等优势条件,并与互联网电子商务结合,将企业的电子商务向复合型方向发展,既可以把企业品牌与电子商务结合起来,也可以把企业在各地开设的实体店连接到电子商务的平台上,充分发挥企业优势,利用复合型商务体系拓宽覆盖面,使线上线下形成整体,并与消费者直接联系,开发潜在消费市场。

第七节　农牧企业电商 O2O

过去的几年,阿里巴巴、百度、腾讯、小米等互联网巨头在各个领域展开了疯狂的布局。阿里巴巴等电商巨头带领整个电商领域走进了 O2O 发展阶段将网上与网下的优势完美结合。同时,也将电商业务延伸到了家居、房地产以及农牧等领域。

就连我们正在经历的生活,也在以同样的速度进行着更新换代,就在不知不觉中,一切都发生了变化。原本盛极一时的微博,成了微信的手下败将。在打车领域,背后由互联网巨头撑腰展开的滴滴、快的之间展开的争夺战,让民众从中收获了补贴红利。

同时,在 O2O 领域还诞生了阿姨帮、乐 e 家居、饿了么、e 袋洗等餐饮和社区服务 O2O 项目,给传统的餐饮和社区服务领域带来了强烈的冲击,使其原本的行业地位受到了动摇。在交通服务 O2O 领域也产生了一系列的产品,包括神州租车、高铁管家、e 代驾、易到用车等产品,为消费者带来了实实在在的便捷体验。

点名时间、众筹网、追梦网、京东众筹等一系列众筹平台的建立,为更多创业者梦想的实现创造了机会。众筹平台不仅可以让企业募集到资金,同时也是一个重要的产品展示平台,可以推动产品的营销和推广。

2014 年,对农牧行业影响最深的事件就是康达尔、禾丰等传统饲料企业开始向互联网领域发展和渗透,并在淘宝电商平台上进行了一番布局,为传统农牧行业的变革打响了第一枪。有资料显示,为了在互联网领域有所斩获,许多农牧企业开始陆续在淘宝和天猫平台上开店,淘宝、天猫平台上的商家数量在一段时间内出现了爆发式地增长,目前已经有近千家的农牧企业成为电商平台上的一员。

但是,农牧企业真的已经准备好迎接这股 O2O 电商热潮了吗?在进入电商领域之前,淘宝和天猫对农牧企业的意义仅限于是一种非主流的营销渠道,而今要将其作为一种主流的营销渠道,人们不禁开始疑惑:企业的劳务管理服务体系、供应链以及与电商配套的产品体系能够适应 O2O 电商的发展要求吗?

一、农牧电商 O2O 之道

在进行农牧电商布局之前,传统农牧企业首先应该思考和解决好这样一个问题:如果只是通过简单粗放的形式对经销商进行整合、自营或 OEM 产品,能获得养殖场的青睐,为自己的产品打开销路吗?

河南有一家饲料企业,为了发展 O2O,将原本传统的销售渠道全部摧毁,并决心为企业带来一个全新的面貌。这种摧毁原本已经成熟运作的经销商体系、业务销售体系的做法,对传统的农牧企业来说很伤元气。

传统农牧企业电商发展之道应该是:线上 + 线下 = O2O 全渠道。传统农牧企业在农牧电商 O2O 领域进行布局的时候,应该将用户放在第一位,其次是要为用户提供周到、贴心的服务,即以养殖户为核心,为他们提供品质高、性价比高的农牧生产资料。这才是农牧电商 O2O 发展的关键之道。

二、农牧电商 O2O 之本:产品+服务+渠道

(一)产品

未来,农牧企业在电商思维下会朝着更加细分的领域发展,届时,每家公司会专注于生产一种产品。专门的养殖技术服务公司会为用户提供更加细分的服务产品包,让用户体验更加细致的服务;专门开展养殖产业链整合的公司也会利用电商平台对无边界供应链进行整合,为养殖户提供细分的产品,比如疫苗、饲料、种畜禽等。

对农牧电商平台来说,最基本的属性就是整合渠道以及服务。如果农牧电商能把整合做好,那么用户以及盈利模式就会相继而来。

(二)服务

对农牧企业来说,电商平台具有高效、透明、开放、去中心化等特点,这也是商业的本质,即将用户当作核心,以为用户提供极致的体验和服务为出发点和落脚点。农牧企业在经过产品的快速更新和运营体系的变革之后,会更加趋向于灵活化。原本追求“大而全”的发展模式也会逐渐走向“小而美”,将服务和体验做到极致。

要实现极致的服务,农牧企业必须冲破原有管理体系的桎梏。要认识到为用户提供的服务体验不仅仅是一种服务,更是企业的一种文化,从而激发员工形成自发的服务意识,保证服务好每一位用户。随着物联网和工业 4.0 的发展,未来用户思维会被运用得淋漓尽致。

(三)渠道

农牧企业要实现渠道下沉战略,应该首先解决两个问题:一是产品和服务的问题;二是找到能够贴近用户的渠道方法。

原本行业中适用的业务员经销方式已经跟不上时代发展的要求了。如果企业的产品和服务不能贴近用户，那么不管怎样进行渠道拓展也不可能改变传统的渠道格局。

2015 年对传统农牧企业来说是关键性的一年，企业可以在这一年进行战略升级和转型。要想紧跟时代发展的潮流，传统农牧企业应该以积极的态度和行动去拥抱互联网，在农牧电商 O2O 领域进行布局。但是农牧企业一定要认识到进行 O2O 布局并不是唯一的目的，只有运用互联网思维将产品和服务做到极致才是唯一需要遵循的理念。

三、农牧电商在线下实体店的布局

传统的农牧企业在开始全面拥抱电商之后，不仅没有因为电商平台为自己创造更多的发展机会，反而因为缺乏线下实体店的布局而受到了限制。因此，未来农牧电商会将发展的重点集中在线下，并全力解决农牧企业在发展过程中的问题：建立体验中心，解决“最后一公里”问题以及怎样树立品牌形象。

（一）建立体验中心

农牧行业以及其消费群体的特殊性，决定了农牧电商的发展也必定会走一条不寻常的路。在农牧电商刚刚兴起的阶段，虽然网购可以为养殖户带来更多的便利，但是如果能在线下实体店接触到真实的产品以及获得真实的体验，那么会让养殖户对网购行为更有信心，进而推动农牧电商以更快的速度发展。

河南省荥阳市的一家农牧电商已经成功建立了第一家线下体验店，在体验店里，你不会看到满眼的饲料，也不会闻到呛人的饲料味，客户在到达实体店后会有专门的导购来为其服务，导购员会为客户讲解，怎样在网上选购饲料，怎样进行网上支付，以及怎样与网上商城的客服进行沟通等。此外，客户在实体店中还可以与养殖技术专家进行一对一的视频交流，从而获得更多、更专业的养殖经验。这个实体店以养殖户为中心，真正将体验服务做到了极致。

（二）“最后一公里”的问题

“最后一公里”的问题不仅是困扰农牧电商企业的一个问题，同样也是各个电商巨头一直在致力解决的问题。

在农牧行业，一般养殖场都会选择在比较偏远的地区建立，这对于物流配送来说是一个重大的难题。为了能够有效解决这个问题，进一步升级电商服务，线下加盟商在成立的时候，与运营商约定，要为用户提供免费送货上门的服务，这样一来，养殖户也可以做到足不出户在家安心地网购饲料了。这样做为用户节省了人力和物力，同时也减少了注意力的分散，可以将精力更多地放在养殖场上。

（三）树立品牌形象

虽然农牧行业电商提出了各种各样的 O2O 模式，但是在实践中真正发挥效用的却寥寥无几。有的农牧电商企业只是在模仿和借鉴其他企业的模式，没有找到真正符合自身发展需要的模式。

线下加盟商没有统一的门面设计和室内装饰，而是各行其是，独立发展，这样的发展方式对于农牧电商品牌形象的树立没有任何意义。看一下阿里巴巴和京东这两个电商巨头的线下服务店，就清楚之所以它们能成为电商巨头的原因了。很多农牧电商企业仅仅是将经销商改造成了线下的体验中心，这样的做法不仅不能使线下体验店发挥其功效，还有可能使其成为阻碍农牧电商发展的绊脚石。

畜牧 e 号是国内第一家农牧行业 O2O 电子商务平台，是中国农牧行业领域最受消费者欢迎以及最具行业影响力的综合性电子商务平台之一。

线下加盟商在进入平台的时候会经过严格的审核，同时平台还会帮助和支持体验店进行选址以及线下加盟商的后期运营等，主要包括为体验店的开业提供支持、为加盟商提供区域保护以及支持体验店的运营和宣传工作等。

农牧行业也已经逐渐从简单的交易阶段走向了一个培养关系阶段，养殖场在平台上购买饲料等生产资料，不仅是为了满足自身的需求，还力求与交易平台建立一种长久的联系。对农牧电商平台而言，仅仅依靠计算机和智能手机，很难让用户获得独特的品牌体验，同时也体验不到极致的服务。因此，农牧电商要布局线下实体店，将养殖户吸引到实体店中体验，为它们提供独特的品牌和服务体验，从而通过与它们的互动构建长久、忠诚的关系。

第八节 “互联网＋农业”创新模式

一、互联网＋休闲农业

目前，我国的游客，尤其是来自城市的广大游客，已不满足于传统的观光旅游，个性化、人性化、亲情化的休闲、体验和度假活动渐成新宠。农村地区集聚了我国约70%的旅游资源，农村有着优美的田园风光、恬淡的生活环境，是延展旅游业、发展休闲产业的主要地区。

据农业部2014年底统计数据显示，全国约有8.5万个村开展休闲农业与乡村旅游活动，休闲农业与乡村旅游经营单位达170万家，其中，农家乐150万家，规模以上休闲农业园区超过3万家，年接待游客7.2亿人次，年营业收入达到2 160亿元，从业人员2 600万。在“互联网＋”已经上升为国家战略的当下，面对如此规模的市场，互联网与休闲农业的结合已经势在必行。

案例1　乡村游网

乡村游网依托成都市旅游促进中心、成都市旅游呼叫中心成立,致力于为消费者提供最全、最新、最准、最实惠的乡村旅游网上服务平台,热心、周到、客户至上是平台永远追求的宗旨。

乡村游网在线服务平台有着海量信息,不仅实现了为乡村旅游爱好者提供资讯和查询服务,还实现了在线预订、电话预订、手机短信和WAP平台等服务,满足了消费者"吃农家饭、品农家菜、住农家院、干农家活、娱农家乐、购农家品"等全方位需求,用户可以在获取广泛信息的基础上,通过强大的地图搜索、360度全景、真实的最低折扣消费和用户真实点评等在线服务,做出最佳消费选择,用超低折扣就可实现都市时尚达人对新旅游、新体验、新潮流的生活追求。

乡村游网在线服务平台不仅为个人用户提供了资源丰富、信用度高、使用性强的精准信息平台,同时,还为商家建立了以网站、广播、电视、报纸、杂志展架、LED广告屏等多项服务的全方位的市场营销解决方案,它将成为人们到乡村旅游最为依赖的休闲生活平台,目前已有14万会员,但网站排名及流量均偏低,初步判断主要是由于后期网站运营推广工作不足导致,但此案例的商业模式具备一定创新价值,值得关注和借鉴。

案例2　去农庄网

去农庄网号称全国首家专业的乡村旅游综合平台,是中国第一款"互联网+农业"的大型网站平台和手机App,目标是把城市周边的农家乐、果园、苗圃、钓鱼场、民宿、游乐场、生态园、观光园等整合在一个平台上,满足城市居民对于休闲农业和吃住行、生态农副产品购物的需求和消费。

去农庄网目标覆盖到全中国所有的城市，让所有城市人不再为节假日去哪儿发愁，让孩子跟着父母亲回到大自然，让全天下所有的父母回到美丽的乡村，让相濡以沫的情侣沐浴在乡村的气息里，让所有人来一次说走就走的旅行，通过数以百万的乡村旅游商铺和种养殖商铺的大量入驻，通过客户的评价体系，从而提升乡村旅游的硬件、环境、卫生和服务水平。

去农庄网尚未正式上线时，其商业模式已经引起了业内的广泛关注。概括来讲，去农庄网称之为“F+F”模式，即 family to farm（家庭去农场）、farm to family（农场进家庭）。首先去农庄网搭建网络平台，解决了城市“家庭去农场”的选择问题，在家庭到农庄进行消费和体验后，可以带动“农场进家庭”，为广大城市居民解决对于健康食品、绿色无公害食品和有机食品的需求。进而通过去农庄网沉淀下来的大数据，将其发展成为未来的“F+F”社交平台，即 family to family（家庭和家庭）的社交，去农庄网将和支付宝合作构建 O2O 的支付结算体系，还将和嗒嗒巴士合作发展周末乡村旅游。未来商业模式还在不断创新和优化，希望涉足农产品网上超市、农业众筹平台建设、O2O 广告传媒、O2O 农产品配送、候鸟养老计划等。

综合来看，农业休闲旅游行业市场空间巨大，但与互联网结合尚处于探索阶段，一方面由于互联网化刚刚起步，另一方面也受限于线下中国休闲旅游实体发展的相对滞后，目前来看，行业内还未出现具备一定影响力和规模的标杆案例，大多数平台属于信息发布、交易撮合型电子商务平台，在与互联网相结合的模式上创新性不足，但可以预判休闲农业势必在互联网的推动下飞速发展，这一市场非常值得期待和关注。

二、互联网+淘宝村

随着互联网的飞速发展，整个农业产业链条均在尝试互联网化的同时，不断有新兴的商业模式或新型的商业群体涌现，淘宝村便是基于旧农村基础，通过与互联网的紧密结合衍生出的新型农村业态。

淘宝村在量化的定义中是指活跃网店数量达到当地家庭户数10%以上、电子商务年交易额达到1 000万元以上的村庄。2013年，阿里研究院发布了20个中国淘宝村，仅仅一年过去，到2014年年底这一数据就被刷新到了211个，同时，首批19个淘宝镇（拥有3个及以上淘宝村的乡镇街道）也随之涌现。曾经那些以“种田”为生的农户，如今以“种网”为生。互联网改变了农户的命运，也改变了整个村庄的命运，互联网让一个个“封闭村”变成了远近闻名的“淘宝村”，小小的村庄旧貌换新颜，散发出勃勃生机。

从2009年开始，短短6年时间，淘宝村经历了萌芽、生长、大规模复制等几个阶段。2014年，淘宝村迎来了空前快速发展期，基于各地申报、媒体报道、实地调研、数据分析等信息，阿里研究院在全国共发现211个淘宝村，这些淘宝村分布在福建、广东、河北等10个省市。其中，浙江62个、广东54个、福建28个、河北25个、江苏25个，这5个省的淘宝村数量在全国占比超过90%。同时，中西部首次出现了淘宝村的身影，来自四川郫县的2个淘宝村、来自河南和湖北的各1个淘宝村，进入了淘宝村大名单。

案例1　青岩刘村：中国淘宝第一村

青岩刘村位于浙江省金华市义乌市江东街道，大约28万平方米，当地人口总共不到2 000人。村道的两端一侧是环城路，另一侧是小商品集聚地。青岩刘村是一个面积不大的住宅小区，有200多幢农民房、房屋1 800间，几乎每一幢楼的一楼都是仓库。现在却容纳了8 000多人，开有1 000多家淘宝网店，拥有2家金冠店、数十家皇冠店。2010年成交额超过20亿元，成为名副其实的淘宝村。

青岩刘村所处的义乌市是全球最大的小商品集散中心，被联合国、世界银行等国际权威机构确定为世界第一大市场，更有全球最大的小商品批发市场——义乌国际商贸城。

案例2　揭阳军埔电子商务村：缔造淘宝村财富神话

军埔电子商务村隶属于广东省揭阳市揭东区锡场镇，军埔电子商务村本是一个“食品专业村”，随着食品加工厂生存艰难，村中村民也多出外谋生。随着村中一些在外做服装生意的青年开始回乡创办淘宝店，军埔村于2013年6月引起地方政府关注，揭阳市提出要打造“电子商务第一村”，揭阳市政府协调金融机构拿出了1 000万元的贷款，财政贴息50%。不到半年的时间，这个村庄很快就发展成“淘宝村”——2 690人的小村开办了超过1 000家网店，在不到半年的时间里交易额翻了数番。2013年“双11”网购节过后，这个村子创造了超过1亿元的销售纪录。

案例3　北山村：“北山模式”从无到有

北山村位于浙江丽水缙云壶镇北山脚下，2010年底村庄合并后，由上宅、下宅和塘下三个自然村组成，有700多户人家。其中拥有800多人的下宅自然村就有200多家淘宝店铺，集中了全村绝大多数电商企业。在这200多家淘宝店铺中，皇冠级别的就有27家。2013年，全村实现电子商务销售额1亿元。

北山村是丽水市首个农村电子商务示范村。短短几年间，该村从“烧饼担子”“草席摊子”发展为“淘宝村”，已逐步形成以北山狼公司为龙头，以个人、家庭以及小团队开设的分销店为支点,以户外用品为主打产品的电商发展模式——“龙头企业示范带动 + 政府推动引导 + 青年有效创业”,北山村发展农村电子商务的事迹被中国社科院有关专家概括为“北山模式”。

未来,淘宝村将很可能变成常态化,在未来 5 ~ 10 年中,淘宝村的数量在自然复制 + 政府推动的双重作用下势必仍将保持快速增长,也必将成为农村经济的必备生产力要素,在提高农村收入、提升乡镇经济实力、改变农民消费习惯、加入城镇化进程等方面都将起到积极推动作用,进而深刻改变中国农村经济生活面貌。

三、互联网 + 农村金融

2013 年以来,互联网金融出现“井喷式”发展并引发社会各界广泛关注,引用百度百科对于互联网金融一词的解释:“互联网金融(ITFIN)是指以依托于支付、云计算、社交网络以及搜索引擎、App 等互联网工具,实现资金融通、支付和信息中介等业务的一种新兴金融。互联网金融不是互联网和金融业的简单结合,而是在实现安全、移动等网络技术水平上,被用户熟悉接受后(尤其是对电子商务的接受),自然而然为适应新的需求而产生的新模式及新业务,是传统金融行业与互联网精神相结合的新兴领域”。互联网金融的出现在一定程度上解决了多年来传统银行始终没有解决的中小微企业融资难的问题,但同时也对传统金融形成较大冲击。

传统金融在过去的一个世纪中发展出了令人眼花缭乱的理论体系和创新产品,然而,从本质上看,金融的核心功能无非资源配置、支付清算、风险控制和财富管理、成本核算几大类,下面将基于上述几个维度对传统农村金融与互联网农村金融进行对比,探寻互联网农村金融较传统农村金融的优势所在。

(一)资源配置维度

无论是传统的农业生产还是如今的农业互联网经济,获得资金的主要渠道都是信贷。然而,传统金融在保证农村大企业信贷供给的同时,对小微企业和普通农户的供给明显不足。作为农村金融服务的核心部分,对农村住户贷款业务面临3个方面的现实挑战:一是农村住户储蓄转化为对农村信贷的比例不高;二是农村住户信贷中转化为固定资产投资的比例不高;三是农村住户贷款与农村住户偿还能力的匹配度不高。这3个“不高”集中反映了传统金融在农村资源配置方面的能力不足。

贷款转化比例不高说明农村住户的储蓄资金逃离农村的现象突出,统计数据显示,东部和中部地区普通农户的存贷比分别仅为1.7%和2%。

购置固定资产的比例不高显示出贷款用途进一步复杂化,在银行类金融机构不掌握相关数据的情况下,这一变化将增加贷后管理的难度和潜在坏账风险。有数据显示农村信贷资金用于购置固定资产的比例仅为0.8%,几乎可以忽略不计。

贷款与偿还能力的匹配度不高会直接导致违约风险上升。从实际情况来看,目前农村信贷的贷前管理主要强调抵押和担保,也就是强调农户的还款意愿。强调还款意愿是信贷中一项重要技术,然而,仅强调还款意愿而忽视还款能力,将很难保证农户按期还款。一旦短期借款远远超过农户的短期收入,就会造成违约的发生,在实践中即使存在合格的抵押品,金融机构的处置难度也很大。由于一旦坏账发生就会带来较大的损失,金融机构借贷的意愿很难提高。

而互联网金融在农村资源配置方面则要优于传统金融。首先,互联网金融基本不会产生传统金融“抽水机”的负面作用。相反,由于农村地区的项目能够提供更高的回报率,互联网金融会吸引来城市的资金,转而投资在农村地区,从而创造出比城市、大企业高得多的边际投资回报率。需要指出的是,虽然利率较高,但是由于期限和金额相对灵活,放款速度快,互联网金融发放的信贷资金实际成本未必很高。其次,从匹配的准确性角度看,互联网金融掌握海量的高频交易数据,可以更好地确定放贷的客户群体,通过线上监控资金流向,做好贷中、贷后管理,在很大程度上克服了农村金融中资金流向不明,贷后管理不力的问题。

(二)支付清算维度

我国农村地区长期以来存在着现金支付的传统,现金支付比例长期居高不下。从支付本身的角度看,现金支付的成本很高。从国际经验上看,现金支付比例高的地方,经济的正规化程度就低,经济中灰色区域就大,偷逃税的现象就多。更进一步说,现金支付比例越高,网络经济、信息经济的发展就会越滞后,从而会影响农村地区的产业升级和城镇化进程。我国农村地区现金支付比例高首先是长期以来形成的传统,其次是传统金融没有发展出适合农村支付的"非现金化"模式。邮政储蓄的按址汇款、农行的惠农卡以及各商业银行都在努力推进的无卡交易改善了农村的支付环境,也降低了现金使用的比例。但是,这些"创新"还是要基于网点的建立和电子机具的布设,如果不能很好地适应农村地区对现代化支付的需求,也就无法切实解决农村的支付问题。

"互联网+金融"在支付方面已经做出了巨大突破。在互联网金融中,支付以移动支付和第三方支付为基础,很大程度上活跃在银行主导的传统支付清算体系之外,并且显著降低了交易成本。在互联网金融中,支付还与金融产品挂钩,带来了丰富的商业模式,这种支付+金融产品+商业模式的组合,与中国广大农村正在兴起的电商新经济高度契合,将缔造巨大的蓝海市场。

(三)风险控制维度

"三农"领域风险集中且频发。人类的科技发展至今没能改变农业、农村"看天吃饭"的问题。旱涝灾害、疫病风险以及市场流通过程中的运输问题都会导致农民的巨大损失。传统金融采用农业保险+期货的方式对冲此类风险。2007年以来,国家对农业保险给予了大量政策性补贴,取得了一定的效果,但总体看作用不明显。互联网金融"以小为美"的特征在这方面将大有作为,新的大数据方式将非结构数据纳入模型后,将为有效处理小样本数据,完善风险识别和管理提供新的可能。

(四)财富管理维度

传统金融经过多年努力,在农村地区建立起了"广覆盖"的服务网络,但是这种广覆盖不仅成本高,而且"水平低",其"综合金融"覆盖也基本不包括理财服务。对传统金融机构而言,理财业务门槛高,流程复杂,占用人力资本较多,在农村地区的推广有限。互联网金融已经做出了很好的尝试。类似"余额宝"的创新产品开创了简单、便捷、小额、零散和几乎无门槛的全新理财模式。早在该产品推出的第一年(2013年),余额宝用户就覆盖了我国境内所有的2 749个县,实现了全覆盖和普遍服务。最西端的新疆乌恰县有1 487名用户,最南端的三沙市有3 564名用户,最东端的黑龙江抚远县有7 920名用户,最北端的黑龙江漠河县有2 696名用户。在提升了农民财富水平的同时,也进行了一场很好的金融启蒙。

(五)成本核算维度

一般可以将成本分为人员成本和非人员成本。对于传统金融机构而言,非人员成本主要指金融机构网点的租金、装修、维护费用,电子机具的购置、维护费用,现金的押解费用等;人员成本主要指人员的薪金、培训费用等。从下列数据可以看出成本是造成农村金融困局的主要原因之一,如一家6~7人的小型租用网点,一年的总成本超过150万元。相比之下,互联网金融在农村可以不设网点,没有现金往来,完全通过网络完成相关的工作。即使需要一些业务人员在农村值守并进行业务拓展,其服务半径也会比固定的银行网点人员的服务半径大得多,单位成本更低。另外,互联网金融通过云计算的方式极大地降低了科技设备的投入和运维成本,将为中小金融机构开展农村金融业务提供有效支撑。

互联网金融本身是新生事物,在农村发展的时间相对更短,但由于互联网金融与农村场景天然的耦合性,目前在我国已经出现了若干种"互联网+农村金融"模式,并可主要分为传统金融机构"触网"、信息撮合平台、P2P借贷平台、农产品和农场众筹平台以及正在探索中的互联网保险等5种主要形式。

1. 传统金融机构"触网"

农村金融改革12年来,传统金融机构做了很多有益的尝试。农行的助农取款服务就是一种接近"O2O"的业务模式。通过与农村小卖部、村委会合作,利用固定电话线和相对简易的机具布设,农户就可以进行小额取现。例如安徽农信社,其手机银行通过短信进行汇款,方便快捷,用户基础广泛,目前累计用户238万,日均转账8亿元,累计转账1 349亿元,已经形成了一定的规模。

2. 信息撮合平台

信息撮合平台是利用网络技术将资金供给方和需求方的相关信息集中到同一个平台上,帮助双方达成信贷协议的一种方式,是一种比较初级的互联网金融业务模式。

3. P2P借贷平台

相对于简单的信息共享平台,P2P平台要复杂得多,资金需求方会在网站上详细展示资金需求额、用途、期限以及信用情况等资料,资金提供方则根据个人风险偏好和借款人的信用情况来进行选择。借款利率由市场供需情况决定。目前我国农村P2P平台中,宜信和翼龙贷是代表型企业。

(1)宜信。该公司在2009年开始进入农村金融市场,经过多年探索,发展出了一条适合中国农村的互联网金融O2O模式。早年的宜信是通过传统的"刷墙"方式下沉到农村的,"刷墙"既把金融信息带给农民,也搜集了农民的信息。2010年,他们开始在农村开设服务网点,并推出以提供小额信用贷款服务为主"农商贷"业务。与宜农贷不同,农商贷所提供的贷款额度更高,并且主要用于支持农民的生产和创业(比如开店)。宜信在过去几年中还发展出了独有的"带路党"。该群体具有很强的农村属性,不仅帮助拓展了渠道,还提升了征信的可信度,缓解了农村金融征信难问题。目前,宜信已经在133个城市、48个农村地区建立起协同服务的网络。

2015年1月,宜信在北京发布了第二个五年计划——"谷雨战略",旨在打造并开放农村金融云平台,通过农村金融服务生态圈,开放宜信小微企业和农户征信、风控、客户画像等能力,并将自建1 000个基层金融服务网点,提供包括农村信贷、农村支付、农村保险在内的综合性互联网金融服务。

(2)翼龙贷。和宜信不同,翼龙贷走出了一条"同城O2O模式"或者更通俗的说是加盟商模式。它们从互联网获得资金,通过线下运营加盟模式,并且形成了一套农村特色的风控体系。

翼龙贷在农村金融方面更强调熟人社会的作用,强调加盟商的本地属性。如果加盟商是本地人,要向翼龙贷提供身份证、户口本、结婚证等文件以及无犯罪记录证明。如果是外地人在本地做业务,则要提供居住5年以上的证明。加盟商开展业务之前,首先要把自己的房产抵押给翼龙贷,并且向总部交保证金。加盟商负责县级市的业务要交50万元保证金,负责地级市业务要交200万元保证金。一个县级市加盟商可以获得50万元放大30~50倍的资金量,即至少可以放贷1 500万元,同时公司会不断考核加盟商的还款能力和坏账率,有了坏账和违约的情况，都得加盟商自己承担。通过加盟商模式和独特的征信、风控方式，翼龙贷的业务有了较快发展，风控水平较高。2014 年一年的交易量 20 亿元，坏账率 0.98%。

4. 农产品和农场众筹

众筹是一种互联网属性很高的融资模式，充分体现了互联网自由、崇尚创新的精神，早期主要服务于文化、科技、创意以及公益等领域。简单来看，众筹类似一个网上的预订系统，项目发起人可以在平台上预售产品和创意，产品获得了足够的“订单”，项目才能成立，发起者还需要根据支持的意见不断改进项目。众筹更加注重互动体验，同时回报方式也更灵活，“投资收益”不局限于金钱，而可能是项目的成果。就农业方面而言，可能是结出的苹果、樱桃甚至挤出的牛奶，也可能是受邀前往“自己”的农场采摘。如果项目失败，则先期募集的资金要全部退还投资者。

“尝鲜众筹”于 2014 年 3 月上线，是中国第一家农业领域专门性众筹平台，是品牌东方集团旗下的众筹平台网站，为农业项目的创业发起人提供募资、投资、孵化、运营的一站式专业众筹服务。农产品和农场众筹是一个新的概念，由于参与、回报方式更加个性化，满足了“小众”需求，尊重投资者意愿，将是未来农村金融重要的发展方向。

5. 农村互联网保险

目前来看，农业保险和农产品期货发展迅速但作用不大，究其原因主要有两方面：一方面是中国的农业保险产品对中央财政补贴具有依赖性，商业化运作匮乏；另一方面是小农经济长期存在，大农场、标准化农产品少，在大工业基础上发展起来的传统金融在对接零散农业需求时显得力不从心，实事求是地说，真正对接农村的互联网保险还在探索中。

国内首家网络保险公司——众安在线于 2013 年推出的高

温险有部分的“自然灾害”保险属性，而且投保方便，理赔灵活。理赔时，投保人无需提供相关证明，保险公司会根据中央气象台的天气预报进行自动赔付。

可以预期，随着互联网技术的进步，大数据、云计算和保险精算的进一步融合，基于农村的互联网保险产品会大量涌现并更好地服务于国内农村新经济环境。

第三章　互联网时代的电子支付

本章主要介绍电子支付系统和网上支付，包括网上银行、手机银行及第三方支付平台，对电子支付的使用和管理中的安全问题也进行了一定的介绍。重点介绍了作为电子商务中最主要的支付手段——网上银行和第三方支付的相关内容。

【拓展阅读】

PayPal 推移动快速结账服务简化手机支付流程

腾讯科技讯（悦潼）2010 年 7 月 1 日消息，据国外媒体报道，eBay 曾经明确表示，手机网络商务将是电子商务的未来发展方向。与此同时，市场研究机构 Juniper Research 也发表数据称，预计到 2016 年时，手机支付资金数额可能会达到 5 000亿美元。因此，鉴于这些因素，eBay 当然也希望其自身的 PayPal 也能够成为移动支付市场的主导者。

事实上，PayPal 的移动交易一直随着智能手机使用率的增长而不断增长，其规模已从 2008 年时的 2 500万美元发展至 2009 年时的 1.41 亿美元。另外，PayPal 还预计其 2015 年的移动支付规模将会达到 5 亿美元以上，而且通过移动设备定期使用 PayPal 的消费者将达到 500 户以上。就在今天，PayPal 的一项举措可能将使买卖双方能够更加便捷地在其智能手机上支付所购商品，这项举措就是 PayPal 推出的“移动快速结账（Mobile Express Checkout）”系统。

移动快速结账系统是 PayPal 的快速结账服务的移动版本，其也是一种一站式的支付方案，可以简化消费者的结账程序。

在此新系统推出之后，买家将无须重新输入 PayPal 支付系统前经常面临的购物、账单或支付等信息，从而也将进一步的简化结账流程。要享受移动快速结账服务，消费者只需登录进入 PayPal 账号即可。其在理论上与亚马逊的一键式预订选项相似。

PayPal 还表示，店主快速结账（Merchant Express Checkout）也已经被优化至智能手机屏幕之中，并加入了强大的错误检测功能。目前来看，新的移动快速结账系统将在未来数周之内被少数的零售商放置在 iPhone 和 Android 2.0（或更高级别）的移动设备中加以使用，这些零售商包括耐克和 Buy. com 等。不过，PayPal 方面还表示，在未来的数月内，这一技术将会推广至所有的零售商。

PayPal 认为这一新移动技术将有机会让该公司的 8 500 万名会员轻松地在其手机上通过 PayPal 的技术来购物，而不再需要输入信用卡号。在新技术使用之前，在手机上利用信用卡来购物和付账是件非常麻烦的事。当然，上述过程的自动化应当是移动支付和购物的未来发展方向，不过，有一点可以想象的是，诸如万事达和 Visa 等信用卡公司也很快会朝着这一方向发展。

第一节　互联网时代电子支付概述

一、互联网时代电子货币

电子货币自出现以来至今仅 30 余年，但作为电子货币外在形式之一的信用卡和电子资金传输系统则早已存在。世界上最早的银行信用卡是美国佛拉特布什国民银行在 1946 年发行的用于旅游的信用卡。但由于这种信用卡只能用于货币支付，不能提供消费信贷，因而不是真正意义上的银行信用卡。真正意义上的银行信用卡是美国富兰克林国民银行于 1952 年发行的信用卡。继富兰克林国民银行之后,美洲银行从1958年开始发行"美洲银行信用卡",并吸收中、小银行参加联营,发展成为今天的维萨集团。西部各州银行组成联合银行协会,于1966年发行"万事达信用卡"。维萨集团和万事达集团逐渐发展成为当今世界上最大的两个国际信用卡组织。

电子货币(Electronic Money),是指用一定金额的现金或存款从发行者处兑换并获得代表相同金额的数据,通过使用某些电子化方法将该数据直接转移给支付对象,从而能够清偿债务。

商务印书馆《英汉证券投资词典》解释:电子货币,英语为e-money; digital money; e-cash; e-currency; electronic cash; electronic money; electronic wallet。可以在互联网上或通过其他电子通信方式进行支付的手段。这种货币没有物理形态,为持有者的金融信用。随着互联网的高速发展,这种支付办法将越来越流行。

(一)电子货币的特点

(1)以电子计算机技术为依托,进行储存、支付和流通(图3-1)。

(2)可广泛应用于生产、交换、分配和消费领域。

(3)融储蓄、信贷和非现金结算等多种功能为一体。

(4)电子货币具有使用简便、安全、迅速、可靠的特征。

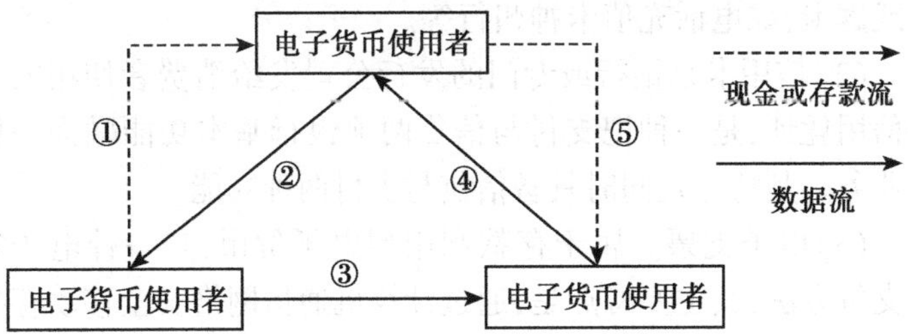

图3-1　电子货币周转示意图

(5)现阶段电子货币的使用通常以银行卡(磁卡、智能卡)为媒体。

(6)电子货币通常在专用网络上传输,通过销售点终端(POS)、自动柜员机(ATM)进行处理。

(二)电子货币的主要特征

电子货币的主要特征表现在以下5个方面。

(1)通用性。指电子货币在使用和结算中特有的简便性,电子货币的使用和结算不受金额限制,不受对象限制,不受区域限制,且使用极为简便。

(2)安全性。指电子货币在流通过程中对风险的排斥性。

(3)可控性。指通过必要的管理手段,将电子货币的流向和流量控制在一定的范围内,从而保证电子货币正常流通。

(4)依附性。指电子货币对科技进步和经济发展的依附关系。

(5)起点高。指基础高,即经济基础高,科技水平高以及理论起点高。

(三)电子货币的种类

电子货币包括储值卡、信用卡、电子支票、电子现金和电子钱包。

(1)储值卡是指某一行业或公司发行的可代替现金用的IC卡或磁卡,如电话充值卡神州行等。

(2)信用卡是银行或专门的发行公司发给消费者使用的一种信用凭证,是一种把支付与信贷两项银行基本功能融为一体的业务。其特点是同时具备信贷与支付两种功能。

(3)电子支票。属于存款利用型电子货币,是一种电子货币支付方法,其主要特点是,通过计算机通信网络安全移动存款以完成结算。无论个人或企业,负有债务的一方,签发支票或其他票据,交给有债权的一方,以结清债务,约定的日期到来时,持票人将该票据原件提交给付款人，即可领取到现金。

(4)电子现金和数字现金均属于现金模拟型的电子货币。这是一种表示现金的加密序列数，它可以用来表示现实中各种金额的币值。随着基于纸张的经济向数字经济的转变，电子现金将成为主流。

二、互联网时代电子支付系统

(一)电子支付系统的定义

电子支付系统(Electronic Payment Systems)是指由提供支付服务的中介机构、管理货币转移的法规以及实现支付的电子信息技术手段共同组成的，用来清偿经济活动参加者在获取实物资产或金融资产时所承担的债务。即把新型支付手段[包括电子现金(E - Cash)、信用卡(Credit Card)、借记卡(Debit Card)，智能卡等]的支付信息通过网络安全传送到银行或相应的处理机构，来实现电子支付。因此，电子支付系统是电子交易顺利进行的重要的社会基础设施之一，它也是社会经济良好运行的基础和催化剂。其分类如图 3 - 2 所示。

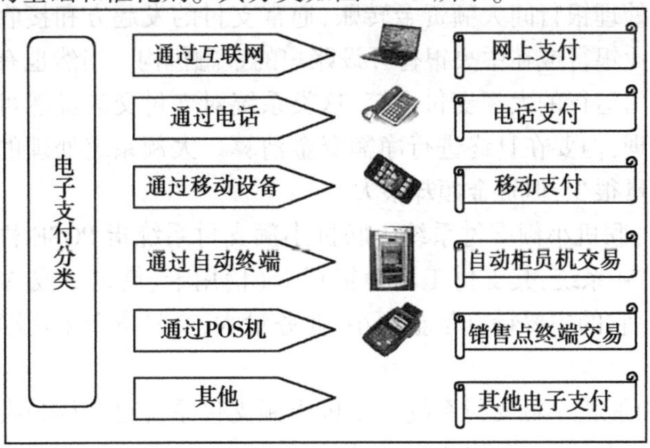

图 3 - 2　电子支付分类

网上支付:网上支付是电子支付的一种形式。广义地讲,网上支付是以互联网为基础,利用银行所支持的某种数字金融工具,发生在购买者和销售者之间的金融交换,而实现从买者到金融机构、商家之间的在线货币支付、现金流转、资金清算、查询统计等过程,由此为电子商务服务和其他服务提供金融支持。

电话支付:电话支付是电子支付的一种线下实现形式,是指消费者使用电话(固定电话、手机、小灵通)或其他类似电话的终端设备,通过银行系统就能从个人银行账户里直接完成付款的方式。

移动支付:移动支付(Mobile Payment,简称 MPayment)是使用移动设备通过无线方式完成支付行为的一种新型的支付方式。移动支付所使用的移动终端可以是手机、PDA、移动 PC 等。

(二)电子支付系统的分类

目前的电子支付系统可以分为 4 类:大额支付系统、联机小额支付系统、脱机小额支付系统和电子货币。

(1)大额支付系统。大额支付系统是一个国家支付体系的核心应用系统,它通常由中央银行运行,采用 RTGS 模式。该系统主要处理银行间大额资金转账,通常支付的发起方和接收方都是商业银行或在中央银行开设账户的金融机构。当然也有由私营部门运行的大额支付系统,这类系统对支付交易虽然可做实时处理,但要在日终进行净额资金清算。大额系统处理的支付业务量很少,但资金额却很大。

(2)联机小额支付系统。联机小额支付系统指 POSE 机系统和 ATM 系统,其支付工具为银行卡(信用卡、借记卡或 ATM 卡等)。它的主要特点是金额小、业务量大,交易资金采用净额结算。

(3)脱机小额支付系统。脱机小额支付系统也被称为批量电子支付系统,它主要指自动清算所(ACH),主要处理预先授权的定期借记(如公共设施缴费)或定期贷记(如发放工资)。

支付数据以磁介质或数据通信方式提交清算所。

(4)电子货币。伴随着银行应用计算机网络技术的不断深入,银行已经能够利用计算机网络将“现金流动”“票据流动”进一步转变成计算机中的“数据流动”。资金在银行计算机网络系统中以人类肉眼看不见的方式进行转账和划拨,是银行业推出的一种现代化支付方式。这种以电子数据形式存储在计算机中(或各种卡中)并能通过计算机网络而使用的资金被人们越来越广泛地应用于电子交易中,这就是电子货币。

(三)电子支付系统的构成

基于互联网的电子交易支付系统由客户、商家、认证中心、支付网关、客户银行、商家银行和金融专用网络七个部分组成。

(1)客户。客户一般是指利用电子交易手段与企业或商家进行电子交易活动的单位或个人。它们通过电子交易平台与商家交流信息,签订交易合同,用自己拥有的网络支付工具进行支付。

(2)商家。商家是指向客户提供商品或服务的单位或个人。在电子支付系统中,它必须能够根据客户发出的支付指令向金融机构请求结算,这一过程一般是由商家设置的一台专门的服务器来处理的。

(3)认证中心。认证中心是交易各方都信任的公正的第三方中介机构,它主要负责为参与电子交易活动的各方发放和维护数字证书,以确认各方的真实身份,保证电子交易整个过程的安全稳定进行。

(4)支付网关。支付网关是完成银行网络和因特网之间的通信、协议转换和进行数据加密、解密,保护银行内部网络安全的一组服务器。它是互联网公用网络平台和银行内部的金融专用网络平台之间的安全接口,电子支付的信息必须通过支付网关进行处理后才能进入银行内部的支付结算系统。

(5)客户银行。客户银行是指为客户提供资金账户和网络支付工具的银行,在利用银行卡作为支付工具的网络支付体系中,客户银行又被称为发卡行。客户银行根据不同的政策和规定,保证支付工具的真实性,并保证对每一笔认证交易的付款。

(6)商家银行。商家银行是为商家提供资金账户的银行,因为商家银行是依据商家提供的合法账单来工作的,所以又被称为收单行。客户向商家发送订单和支付指令,商家将收到的订单留下,将客户的支付指令提交给商家银行,然后商家银行向客户银行发出支付授权请求,并进行它们之间的清算工作。

(7)金融专用网络。金融专用网络是银行内部及各银行之间交流信息的封闭的专用网络,通常具有较高的稳定性和安全性。

(四)第三方电子支付模式

电子支付不是新概念,从 1998 年招商银行率先推出网上银行业务之后,人们便开始接触到网上缴费、网上交易和移动银行业务。这个阶段,银行的电子支付系统无疑是主导力量,但银行自身没有足够的动力也没有足够的精力去扩展不同行业的中小型商家参与电子支付。于是非银行类的企业开始进入支付领域,它们通常被称为第三方电子支付公司。目前,我国主要存在 4 种模式:支付网关型模式、自建支付平台模式、第三方垫付模式和多种支付手段结合模式。

(1)支付网关型模式。支付网关型模式是指一些具有较强银行接口技术的第三方支付公司以中介的形式分别连接商家和银行,从而完成商家的电子支付的模式。这样的第三方支付公司包括网银在线、上海环讯、北京首信等,它们只是商家到银行的通道而不是真正的支付平台,它们的收入主要是与银行的二次结算获得的分成,一旦商家和银行直接相连,这种模式就会因为附加值低而最容易被抛弃。

(2)自建支付平台模式。自建支付平台模式是指由拥有庞大用户群体的大型电子商务公司为主创建或它们自己创建支付平台的模式，这种模式的实质便是以所创建的支付平台作为信用中介，在买家确认收到商品前，代替买卖双方暂时保管货款。这种担保使得买卖双方的交易风险得到控制，主要解决了交易中的安全问题，容易保证消费者的忠诚度。采用自建支付平台模式的企业有淘宝网、eBay 易趣、慧聪网、贝宝等。这种支付平台主要服务于母公司的主营业务，其发展也取决于母公司平台的大小。

(3)第三方垫付模式。第三方垫付模式是指由第三方支付公司为买家垫付资金或设立虚拟账户的模式。它通过买卖双方在交易平台内部开立的账号，以虚拟资金为介质完成网上交易款项支付，这样的公司有 99bill、Yeepay 等。

(4)多种支付手段结合模式。多种支付手段结合模式是指第三方电子支付公司利用电话支付、移动支付和网上支付等多种方式提供支付平台的模式。在这种模式中，客户可以通过拨打电话、手机短信或者银行卡等形式进行电子支付。

(五)电子支付系统的功能

(1)使用数字签名和数字证书实现对各方的认证。

(2)使用加密技术对业务进行加密。

(3)使用消息摘要算法以确认业务的完整性。

(4)当交易双方出现异议、纠纷时，保证业务的不可否认性。

(5)能够处理贸易业务的多边支付问题。

三、互联网时代网上支付

(一)网上支付的概念

网上支付是基于电子支付的基础上发展起来的，它是电子支付的一个最新发展阶段，网络支付是基于 Internet(因特网)并且适合电子商务发展的电子支付。

网上支付,也称在线支付,英文一般描述为 Online Payment 或 Internet Payment,它是指以金融电子化网络为基础,以商用电子化工具和各类交易卡为媒介,采用现代计算机技术和通信技术作为手段,通过计算机网络特别是 Internet,以电子信息传递形式来实现流通和支付。它是基于 Internet 的电子商务的核心。

(二)网上支付的基本功能

(1)认证交易双方、防止支付欺诈。能够使用数字签名和数字证书等实现对网上商务各方的认证,以防止支付欺诈,对参与网上贸易的各方身份的有效性进行认证,通过认证机构或注册机构向参与各方发放数字证书,以证实其身份的合法性。

(2)加密信息流。可以采用单密钥体制或双密钥体制进行信息的加密和解密,可以采用数字信封、数字签名等技术加强数据传输的保密性与完整性,防止未被授权的第三者获取信息的真正含义。

(3)数字摘要算法确认支付电子信息的真伪。为了保护数据不被未授权者建立、嵌入、删除、篡改、重放等,完整无缺地到达接收者一方,可以采用数据杂凑技术。

(4)保证交易行为和业务的不可抵赖性。当网上交易双方出现纠纷,特别是有关支付结算的纠纷时,系统能够保证对相关行为或业务的不可否认性。网络支付系统必须在交易的过程中生成或提供足够充分的证据来迅速辨别纠纷中的是非,可以用数字签名等技术来实现。

(5)处理网络贸易业务的多边支付问题。支付结算牵涉客户、商家和银行等多方,传送的购货信息与支付指令信息还必须连接在一起,因为商家只有确认了某些支付信息后才会继续交易,银行也只有确认支付才会提供支付。为了保证安全,商家不能读取客户的支付指令,银行不能读取商家的购货信息,这种多边支付的关系能够借用系统提供的诸如双重数字签名等技术来实现。

(6)提高支付效率。网上支付的手续和过程并不复杂,支付效率很高。

(三)网上支付的特征

与传统的支付方式相比,网上支付具有以下特征:

(1)网上支付是采用先进的技术通过数字流转来完成信息传输的,其各种支付方式都是采用数字化的方式进行款项支付的;而传统的支付方式则是通过现金的流转、票据的转让及银行的汇兑等物理实体流转来完成款项支付的。

(2)网上支付的工作环境基于一个开放的系统平台(即因特网)之中;而传统支付则是在较为封闭的系统中运作。

(3)网上支付使用的是最先进的通信手段,如 Internet、Extranet,而传统支付使用的则是传统的通信媒介。网上支付对软、硬件设施的要求很高,一般要求有联网的微机、相关的软件及其他一些配套设施,而传统支付则没有这么高的要求。

(4)网上支付具有方便、快捷、高效、经济的优势。用户只要拥有一台上网的 PC 机,便可足不出户,在很短的时间内完成整个支付过程。支付费用仅相当于传统支付的几十分之一,甚至几百分之一。网上支付可以完全突破时间和空间的限制,可以满足 24/7 (每周 7 天,每天 24 小时)的工作模式,其效率之高是传统支付望尘莫及的。

(四)网上支付的基本流程

基于 Internet 平台的网络支付一般流程如下。

(1)客户接入因特网(Internet),通过浏览器在网上浏览商品,选择货物,填写网络订单,选择应用的网络支付结算工具,并且得到银行的授权使用,如银行卡、电子钱包、电子现金、电子支票或网络银行账号等。

(2)客户机对相关订单信息,如支付信息进行加密,在网上提交订单。

(3)商家服务器对客户的订购信息进行检查、确认,并把相关的、经过加密的客户支付信息转发给支付网关,直到银行专用网络的银行后台业务服务器确认,以期从银行等电子货币发行机构验证得到支付资金的授权。

(4)银行验证确认后,通过建立起来的经由支付网关的加密通信通道,给商家服务器回送确认及支付结算信息,为进一步的安全,给客户回送支付授权请求(也可没有)。

(5)银行得到客户传来的进一步授权结算信息后,把资金从客户账号上转拨至开展电子商务的商家银行账号上,借助金融专用网进行结算,并分别给商家、客户发送支付结算成功信息。

(6)商家服务器收到银行发来的结算成功信息后,给客户发送网络付款成功信息和发货通知。至此,一次典型的网络支付结算流程结束。商家和客户可以分别借助网络查询自己的资金余额信息,以便进一步核对。

以上的网上支付一般流程只是对目前各种网络支付结算方式应用流程的普遍归纳,不表示各种网络支付方式的应用流程完全相同,但大致遵守该流程。

第二节　互联网时代网上银行

一、互联网时代网上银行概述

网上银行又称网络银行、在线银行,是指银行利用 Internet 技术,通过 Internet 向客户提供开户、销户、查询、对账、行内转账、跨行转账、信贷、网上证券、投资理财等传统服务项目,使客户可以足不出户就能够安全便捷地管理活期和定期存款、支票、信用卡及个人投资等。可以说,网上银行是在 Internet 上的虚拟银行柜台。

（一）网上银行业务

网上银行业务是银行借助个人电脑或其他智能设备，通过互联网技术或其他公用信息网，为客户提供的多种金融服务。网上银行业务不仅涵盖了传统银行业务，而且突破了银行经营的行业界限，深入到证券、保险甚至是商业流通等领域。网上银行代表了未来银行业的发展方向，网上银行业务的迅速发展必将推动着银行业新的革命。

与传统银行业务相比，网上银行业务有许多优势。一是大大降低银行经营成本，有效提高银行盈利能力。开办网上银行业务，主要利用公共网络资源，不需设置物理的分支机构或营业网点，减少了人员费用，提高了银行后台系统的效率。二是无时空限制，有利于扩大客户群体。网上银行业务打破了传统银行业务的地域、时间限制，具有 3A 特点，即能在任何时候（Anytime）、任何地方（Anywhere）、以任何方式（Anyhow）为客户提供金融服务，这既有利于吸引和保留优质客户，又能主动扩大客户群，开辟新的利润来源。三是有利于服务创新，向客户提供多种类、个性化服务。通过银行营业网点销售保险、证券和基金等金融产品，往往受到很大限制，主要是由于一般的营业网点难以为客户提供详细的、低成本的信息咨询服务。利用互联网和银行支付系统，容易满足客户咨询、购买和交易多种金融产品的需求，客户除办理银行业务外，还可以很方便地进行网上买卖股票债券等，网上银行能够为客户提供更加合适的个性化金融服务。

（二）网上银行在电子商务中的地位

无论是传统的交易，还是新兴的电子商务，资金的支付都是完成交易的重要环节，所不同的是，电子商务强调支付过程和支付手段的电子化。能否有效地实现支付手段的电子化和网络化是网上交易成败的关键，直接关系到电子商务的发展前景。网上银行创造的电子货币以及独具优势的网上支付功能，为电子商务中电子支付的实现提供了强有力的支持。作为电子支付和结算的最终执行者，网上银行起着连接买卖双方的纽带作用，网上银行所提供的电子支付服务是电子商务中最关键要素和最高层次。

电子商务与网上银行的发展是互动互利，相互影响的，电子商务也给网上银行带来了巨大的业务发展空间，因此随着电子商务的发展，网上银行的发展亦是必然趋势。

（三）网上银行的特点

利用计算机和通信技术实现资金划拨开始的电子银行业务已经有几十年的历史了，传统的电子银行业务主要包括资金清算业务和用 POS 网络及 ATM 网络提供服务的银行卡业务。网上银行是随着 Internet 的普及和电子商务的发展在近几年逐步成熟起来的新一代电子银行，它依托于传统银行业务，并为其带来了根本性的变革，同时也拓展了传统的电子银行业务功能。与传统银行和传统电子银行相比，网上银行在运行机制和服务功能方面都具有不同的特点。

(1)全球化、无分支机构。传统银行是通过开设分支机构来发展金融业务和开拓国际市场的，客户往往只限于固定的地域，而网上银行是利用 Internet 来开展银行业务，因此，可以将金融业务和市场延伸到全球每个角落。打破了传统业务地域范围局限的网上银行，不仅可吸纳本地区和本国的客户，也可直接吸纳国外客户，为其提供服务。正如 SFNB 总裁 James Mahan 所言"任何人，只要有一台电脑，都是我的潜在客户"。

(2)开放性与虚拟化。传统电子银行所提供的业务服务都是在银行的封闭系统中运作的，而网上银行的 Web 服务器代替了传统银行的建筑物、网址取代了地址，其分行是终端机和 Internet 这个虚拟化的电子空间。因此有人称网上银行为"虚拟银行"，但它又是实实在在的银行，利用网络技术把自己与客户连接起来，在有关安全设施的保护下，随时通过不同的计算机终端为客户办理所需的一切金融业务。

(3)智能化。传统银行主要借助于物质资本,通过众多员工辛勤劳动为客户提供服务。而网上银行主要借助智能资本,靠少数脑力劳动者的劳动(如 SFNB 只有 15 名员工)提供比传统银行更多、更快、更好、更方便的业务,如提供多元交互的信息、客户除可转账、查询账户余额外,还可享受网上支付、贷款申请、国内外金融信息查询、投资理财咨询等服务,其功能和优势远远超出电话银行和传统的自助银行。

(4)创新化。网上银行是创新化的银行。在个性化消费需求日趋凸显及技术日新月异的信息时代,网上银行提供的金融产品和拥有技术的生命周期越来越短,淘汰率越来越高。在这种情况下,只有不断采用新技术、推出新产品、实现持续创新才不至于被淘汰。以 SFNB 为例,它对基本支票账户不收取手续费,没有最低余额限制,这在美国银行界是首开先河,而且客户每个月可免费使用 20 次电子付款服务,免费使用自动柜员机或借记卡。与此同时,SFNB 还不断开拓新业务,1998 年,它与 AOL ("美国在线")达成协议,允许客户通过 AOL 访问 SFNB,此举使 SFNB 的客户数迅速增长,其存款额很快突破 1 亿美元。

(5)运营成本低。与其他银行服务手段相比,网上银行的运营成本最低。据介绍,在美国开办一个传统的分行需要 150 万~200 万美元,每年的运营成本为 35 万~50 万美元。相比之下建立一个网上银行所需的成本为 100 万美元。1998 年美国 USWeb 网络服务与咨询公司的一次调查发现,普通的全业务支行平均每笔交易成本约 1.07 美元,而网上银行仅为 0.01~0.04 美元。

(6)亲和性增强。增加与客户的沟通和交流是企业获取必要信息、改进企业形象、贴近客户、寻找潜在客户的主要途径。在这方面,网上银行具有传统银行无法比拟的优势。网上银行可通过统计客户对不同网上金融产品的浏览次数和点击率,以及各种在线调查方式了解客户的喜好与不同需求,设计出有针对性的金融产品以满足其需求,这不仅方便了客户,银行也因此增强了与客户的亲和性,提高了竞争力。

二、互联网时代网上银行的功能

无论是国外已经发展成熟的还是国内刚刚起步的网上银行,其功能一般包括:银行业务项目、网上银行服务、信息发布和商务服务几个部分。

(一)银行业务项目

网上银行的业务项目主要包括:家庭银行(储蓄业务)、企业银行(对公业务)、信用卡业务、国际业务、各种支付、信贷及特色服务等传统的银行业务功能。

(1)家庭银行(Home Banking)。为用户提供方便的个人理财渠道。包括网上开户、清户、账户余额、利息的查询、交易历史查询、个人账户挂失、电子转账、票据汇兑等。

美国的美洲银行(www. bankamerica. com)网上业务主要集中在家庭银行方面。通过其 Home Banking 网页,用户可以在一天中的任何时间里进行银行业务:储蓄、外汇及货币交易、当前账户余额查询、资金划拨、下载所需的理财软件等。还可以使用“Pay Bill”来支付如每月 5. 95 美元的小笔开支。Home Banking 的理财软件可帮助用户规划各种金融事务,甚至跟踪和分析花费情况。

(2)企业银行(Firm Banking)。为企业或团体提供综合账户业务,例如,查阅本企业或下属企业账户余额和历史业务情况;划转企业内部各单位之间的资金;核对调节账户,进行账户管理等服务;电子支付职工工资;了解支票利益情况,支票挂失;将账户信息输出到空白表格软件或打印诸如每日资产负债表报告、详细业务记录表、银行明细表之类的各种金融报告或报表;通过互联网实现支付和转账等。

(3)用卡业务。包括网上信用卡的申办、信用卡账户查询、收付清算等功能。与传统的信用卡系统相比,网上信用卡更便捷。例如,用户可通过 Internet 在线办理信用卡申请手续;持卡人可通过网络查询用卡明细;银行可定期通过电子邮件向用户发送账单,进行信用卡业务授权、清算、传送黑名单、紧急支付名单等。

(4)各种支付。提供数字现金、电子支票、智能卡、代付或代收费等网上支付方式,以及各种企业间转账或个人转账,如同一客户不同账号间,包括活期转定期、活期转信用卡、信用卡转定期、银行账户与证券资金账户之间的资金互转等。

(5)国际业务。包括国际收支的网上申报服务、资金汇入、汇出等。目前,国内的企业可向中国银行总行(www. bank-of-china. com)申请办理此项业务国际收支申报。

(6)信贷。包括信贷利率的查询、企业贷款或个人小额抵押贷款的申请等,银行可根据用户的信用记录决定是否借贷。

(7)特色服务。主要是指通过 Internet 向客户提供各种金融服务,如网上证券、期货、外汇交易、电子现金、电子钱包以及各种金融管理软件的下载等。目前,境外银行从存贷差中获取的利润已不足50%,其余的都来自于各种在线服务回报。从整个银行业的发展趋势来看,提供在线服务将成为未来银行利润的主要来源。在我国香港有4 000多家企业用户的汇丰银行目前以每月最低2 000元港币的租金向这些企业提供银行在线服务,仅此一项每月的收入就近千万元。

(二)商务服务

商务服务主要提供资本市场、投资理财和网上购物等子功能。对资本市场来说,除人员直接参与的现金交易之外的任何交易均可通过网上银行进行。投资理财服务可通过客户主动进入银行的网站进行金融、账户等的信息查询以及处理自己的财务账目;也可由网上银行系统对用户实施全程跟踪服务,即根据用户的储蓄、信贷情况进行理财分析,适时地向用户提供符合其经济状况的理财建议或计划。在网上购物方面,网上银行可以网上商店的形式向供求双方提供交易平台,商户在此可建立自己的订购系统,向网上客户展示商品并接受订单,商户在收到来自银行的客户已付费的通知后即可向客户发货;客户可进入银行的网上商店,选购自己所需的商品,并通过银行直接进行网上支付,这种供求双方均通过网上银行这一中介机构建立联系和实现收支,降低了交易的风险度。

(三)信息发布

目前,网上银行所发布的信息主要有国际市场外汇行情、对公利率、储蓄利率、汇率、证券行情等金融信息,以及行史、业务范围、服务项目、经营理念等银行信息,使客户能随时通过 Web 网站了解这些信息。

三、互联网时代手机支付

(一)手机支付的概念

手机支付就是允许移动用户使用其移动终端(通常是手机)对所消费的商品或服务进行账务支付的一种服务方式。2009 年中国手机支付市场规模将达到 19.74 亿元,此外手机支付用户规模也将在 2009 年内增长到 8 250万人,2014 年以来国内的 3 家运营商都加大了在手机支付上的投入力度。

手机支付作为新兴的费用结算方式,由于其方便性而日益受到移动运营商、网上商家和消费者的青睐。手机支付尽管只是最近几年才发展起来的支付方式,但因其有着与信用卡同样的方便性,同时又避免了在交易过程中使用多种信用卡以及商家是否支持这些信用卡结算的麻烦,消费者只需一部手机,就可以完成整个交易,深受消费者,尤其是年轻人的推崇,因此,全球采用手机支付的消费者不断增长。

(二)手机支付方式

目前,手机支付有3种不同的支付方式。

(1)手机话费支付方式。即费用通过手机账单收取,用户在支付其手机账单的同时支付了这一费用。在这种方式中,移动运营商为用户提供了信用,但这种代收费的方式使得电信运营商有超范围经营金融业务的可能,因此其范围仅限于下载手机铃声等有限业务。

(2)指定绑定银行支付。即费用从用户的开通电话银行账户(即借记账户)或信用卡账户中扣除。在该方式中,手机只是一个简单的信息通道,将用户的银行账号或信用卡号与其手机号联连起来。

(3)银联快捷支付。这种支付方式无需绑定手机,个人用户无需在银行开通手机支付功能,即可实现各种带有银联标识的借记卡进行支付,采用双信道通讯方式进行通讯,非同步传输,更加安全快捷。

(三)支付宝移动支付

支付宝为了适应移动支付的需求,推出了手机订单支付业务,该业务适用于淘宝和外部商家的交易。

支付宝推出最初的手机订单支付是指在电脑上创建了未付款交易,选择通过手机支付渠道完成交易付款。目前,已能在手机上网购下单和完成支付的全过程支付。

第三节　互联网时代第三方支付

一、互联网时代第三方支付概述

(一)第三方支付的概念

所谓第三方支付,就是一些和各大银行签约并具备一定实力和信誉保障的第三方独立机构提供的交易支持平台。在通过第三方支付平台的交易中,买方选购商品后,使用第三方平台提供的账户进行货款支付,由第三方通知卖家货款到达、进行发货;买方检验物品后,就可以通知付款给卖家,第三方再将款项转至卖家账户。

目前,中国国内的第三方支付产品主要有 PayPal (易趣公司产品)、支付宝(阿里巴巴旗下)、财付通(腾讯公司,腾讯拍拍)、易宝支付(Yeepay)、快钱(99bill)、百付宝(百度 C2C)、网易宝(网易旗下)、环迅支付、汇付天下、汇聚支付(joinpay)。其中用户数量最大的是 PayPal 和支付宝,前者主要在欧美国家流行,后者是马云阿里巴巴旗下产品。截至 2009 年 7 月,支付宝用户超过 2 亿。

第三方支付平台虽然承担了一部分银行的金融职能,但与银行却有着本质的区别:

(1)作为第三方支付平台,将保证网络上的交易买卖双方的资金和货物安全。

卖家通过支付宝的虚拟账户收到钱以后才发货,买家在收到货,而且确认无误的情况下通过支付宝把钱划给卖家。而银行作为金融业务处理,只负责现金的流向。

(2)第三方支付平台整合了电子商务中的资金流(银行),信息流(交易订单)和物流(物流公司),使三者有机联系在一起,更好地完善了电子商务的诚信环境,这些是传统银行无法做到的。

(二)第三方支付的实现原理

除了网上银行、电子信用卡等手段之外还有一种方式也可以相对降低网络支付的风险,那就是正在迅猛发展起来的利用第三方机构的支付模式及其支付流程,而这个第三方机构必须具有一定的诚信度。在实际的操作过程中这个第三方机构可以是发行信用卡的银行本身。在进行网络支付时,信用卡号以及密码的披露只在持卡人和银行之间转移,降低了应通过商家转移而导致的风险。

同样当第三方是除了银行以外的具有良好信誉和技术支持能力的某个机构时,支付也通过第三方在持卡人或者客户和银行之间进行。持卡人首先和第三方以替代银行账号的某种电子数据的形式(例如邮件)传递账户信息,避免了持卡人将银行信息直接透露给商家,另外也可以不必登录不同的网上银行界面,取而代之的是每次登录时,都能看到相对熟悉和简单的第三方机构的界面。

第三方机构与各个主要银行之间又签订有关协议,使得第三方机构与银行可以进行某种形式的数据交换和相关信息确认。这样第三方机构就能实现在持卡人或消费者与各个银行,以及最终的收款人或者是商家之间建立一个支付的流程。

(三)行业分类

目前我国的第三方支付工具包括两类,一类是以支付宝、财付通为首的互联网型支付企业,它们以在线支付为主,捆绑大型电子商务网站,迅速做大做强。另一类是以银联电子支付、快钱、汇付天下为首的金融型支付企业,侧重行业需求和开拓行业应用。

二、互联网时代第三方支付平台的作用

第三方支付平台最初的作用就是承担交易支付中介,为买卖双方提供交易担保。如今的第三方支付平台已经不满足这样的基本应用,不断开发出新的功能和应用。以支付宝为例,除了最基本的在交易过程进行到支付环节时充当支付工具之外,开发了很多实用性很强的功能,如图 3－3 所示。

三、互联网时代第三方支付工具的盈利模式

作为一种经营性的产品,第三方支付平台同样有盈利的需

图3－3　支付宝支付服务项目

求,这也是第三方支付平台能够生存和发展的基本条件。从目前各种第三方支付平台的实际运作来看,寻找一种既适应市场需求又能够实现长期盈利要求的盈利模式仍然是大多数支付平台努力的方向。目前,大多数第三方支付平台靠收取支付手续费,即第三方支付平台与银行确定一个基本的手续费率,缴给银行;然后,第三方支付平台在这个费率上加上自己的毛利润,向客户收取费用。但是,由于竞争的残酷,为抢占更多的客户,一些第三方支付公司不惜血本,将向客户的提成份额一降再降,优惠条件层出不穷,不少第三方支付企业在很长时间一直在亏损。

从占支付平台市场最大的支付宝来看,虽然做出了有益的探索,但是,远没有形成完整的盈利模式。从商业角度来看,支付宝的盈利模式存在很多形式,它所背靠的强大平台和强大的合作伙伴都可能是未来的盈利来源。虽然现在支付宝有一个亿的长驻资金,但是相对于10家合作银行来说,还不能形成谈判的资本。未来的谈判焦点必然会出现在银行的手续费和汇费上。目前,网上交易如果在异地的话,会发生大约占1%的汇费。若支付宝收费的话,还会产生费用。而支付宝发展的足够大的时候,就可以把这两笔费用打包成一笔,尽量降低交易所产生的费用,这可以作为支付平台的一个盈利点。

从网店的交易中获取收益是可能采取的第二种方式,事实上支付宝对非淘宝用户已经在这样做了。支付宝将作为网上交易的解决方案一体的卖给其他网店,而不是像现在国内的其他支付平台一样,根据交易的总额来抽取一定的费用。

第三种方式可能是方式是来自于物流,由于现在国内的很多物流体系还不完善,所以由物流公司来支付费用的方式还不能实现。

服务收费是支付宝最为实际的收费方式。针对直接登录支付宝网站使用"我要收款""我要付款""交房租""送礼金"功能及在阿里旺旺中使用"AA 收款"功能,主动生成交易订单,完成收款或付款的支付宝交易,支付宝将收取服务费。每个月有一定的免费流量,在这个免费额度内,是不产生服务费的,超过免费额度的金额才产生手续费,同时收费是针对交易发起方的,如表 3-1 所示。

表 3-1　支付宝免费额度及费率

项目	收费标准	优惠期(当前标准)
认证客户免费额度	5 000 元/月	10 000 元/月
非认证客户免费额度	500 元/月	1000 元/月
当月超出金额的费率	1%	0.5%
收费说明(每笔)	1 元起收,40 元封顶	1 元起收,25 元封顶

支付宝的盈利还来自于它的常驻资金的利息,银行按协议支付利息给支付宝,1 亿元的资金一年的利息是 150 万元左右。

四、互联网时代第三方支付的安全管理

(一)第三方支付服务组织面临多重风险隐患

1. 系统运行面临多种安全风险

第三方支付服务是以开放的互联网为基础,系统运行须依赖网络与科技的支撑,始终面临网络硬件安全、网络运行安全、传递数据安全等方面的问题。

2. 客户结算资金存在被挪用风险

从购货方将结算资金交付给第三方机构到第三方支付机构将资金支付给销售方之间的时间差形成了沉淀资金,有较大的可能被第三方支付服务组织用来进行投资,以获取额外的收益。资金在投资过程中具有较大的市场风险,将直接影响客户结算资金的安全。同时,由于目前第三方支付服务市场竞争激烈,一些中小机构被并购、破产等事件时有发生,在没有严格的市场规则和业务监管的情况下,客户结算资金安全难以保证。

3. 支付服务平台有可能被用于洗钱

由于网络交易的匿名性、隐蔽性的特点,第三方支付服务组织很难辨别资金的真实来源和去向,使得资金的非法转移、洗钱、贿赂、变相侵占国有资产、收受回扣、诈骗等活动有了可乘之机。由于第三方支付服务平台的便利性和监管的缺失,使其有可能成为资金非法转移套现以及洗钱犯罪活动的工具。

(二)加强完善第三方支付平台的监督管理

1. 建立健全第三方支付服务组织法律制度

(1)明确第三方支付服务组织的法律地位和准入条件。法律应当赋予第三方支付服务组织明确的法律身份和地位,将其定位为提供支付清算服务的非银行类机构,所提供的服务是银行支付结算业务的重要补充和延伸;要明确第三方支付服务组织市场准入的条件以及在提出申请时需向管理部门提交的材料和证明文件。

2010 年 6 月 21 日,中国人民银行出台《非金融机构支付服务管理办法》,明确规定:支付机构依法接受央行的监督管理;未经央行批准,任何非金融机构和个人不得从事或变相从事支付业务。办法实施前已经从事支付业务的非金融机构,应当在办法实施之日起 1 年内申请取得《支付业务许可证》;逾期未取得的,不得继续从事支付业务。

办法规定申请人拟在全国范围内从事支付业务的,其注册资本最低限额为1亿元人民币;拟在省(自治区、直辖市)范围内从事支付业务的,其注册资本最低限额为3 000万元人民币。此外,支付机构申请人的主要出资人应当符合以下条件:为依法设立的有限责任公司或股份有限公司;截至申请日,连续为金融机构提供信息处理支持服务2年以上,或连续为电子商务活动提供信息处理支持服务2年以上;截至申请日,连续盈利2年以上;最近3年内未因利用支付业务实施违法犯罪活动或为违法犯罪活动办理支付业务等受过处罚。

(2)明确第三方支付服务组织的交易行为。重点明确第三方支付服务组织各利益相关者,包括买卖双方、银行、电子商务提供方等的地位以及权利、义务;明确第三方支付服务组织在服务过程中应当遵循的基本交易规则以及因业务产生纠纷和风险的处理原则、方法以及违规责任;明确第三方支付服务组织的内部控制要求;明确第三方支付服务组织的风险管理体系和安全保障机制等。

(3)明确第三方支付服务组织的经营行为。要明确界定第三方支付服务组织经营范围,严格界定为收付款人提供货币资金转移服务,禁止从事与支付清算服务无关的经营活动,严禁从事信贷担保业务;规范第三方支付服务组织的收费行为,服务费标准可以采取政府指导与市场调节相结合的方式;要建立完善的信息强制披露制度,第三方支付服务组织要及时对公司重大事项、重大经营项目以及服务行为、服务标准等进行公开披露,维护客户的知情权等合法权益。

2. 建立高效的第三方支付服务组织监管体系

(1)确立第三方支付服务组织的监管主体。根据现有的法律规定,目前对于第三方支付服务组织的监督管理部门主要有中国人民银行、工商行政管理部门、信息产业管理部门以及税务机关等。要根据职责分工分别明确中国人民银行、工商行政管理部门、信息产业管理部门以及税务机关等部门对于第三方支付服务组织的监督管理职能。应明确中国人民银行为第三方支付服务组织的主要监管者,并对其业务准入、交易行为、经营行为等方面实施监督管理。

(2)建立非现场监管和现场监管相结合的监管模式。要依托先进的科技手段,建立动态的风险监测和预警系统,及时向第三方支付服务组织发布风险预警信息。要定期对第三方支付服务组织所报送的财务会计报表、重大事项报告、交易纠纷和诉讼案件报告等开展分析,根据分析结果进行窗口指导。现场监管应侧重第三方支付服务组织交易风险、业务经营风险、沉淀资金风险等方面。同时,通过现场监管对第三方支付服务组织内部控制体系开展评价,提示其完善内控制度,强化内部控制。

3. 健全第三方支付服务组织内部控制机制

(1)建立良好的内部控制机制。第三方支付服务组织应在各项业务和管理活动中制定明确的内部控制政策,规定内部控制的原则和基本要求;建立分工合理、职责明确、报告关系清晰的组织机构,明确所有与风险和内部控制相关的部门、岗位、人员的职责和权限。

(2)建立有效的了解客户制度。第三方支付服务组织在与客户建立业务关系或与其进行交易时,应当根据法定的有效身份证件或其他可靠的身份识别资料,确定和记录客户的身份。第三方支付服务组织可以充分利用人民银行建设的联网核查公民身份信息系统对客户的身份真实性进行核查,验证客户身份信息的真伪,防止客户通过网络进行恶意交易,造成其他交易相关者的利益损失。

(3)强化与银行间资金清算管理。第三方支付服务组织应实行严格的岗位职责分离制度和审批授权制度,并建立和完善与银行的及时对账制度。采取必要的技术手段,确保支付指令的完整性、一致性,支付清算业务处理的及时性、正确性和支付清算服务的安全性。

(4)加强对员工和岗位的内部控制管理。要防范员工的道德风险和操作风险。要建立内部岗位控制机制，严格划分相关部门、相关岗位的职责，做到不同岗位之间的相互制约，不相容岗位严禁兼岗。要加强对员工风险意识和职业道德素质的教育与培训，提高员工的内部控制意识，防范道德风险的发生。

(5)建立内部控制的监督评价体系。第三方支付服务组织应定期或不定期对内部控制体系的充分性、合规性、有效性和适宜性进行评价，对违规、险情、事故及时报告和纠正，并制定相应的预防措施。同时，利用内部控制评价结果、绩效监测和数据分析，持续提高内部控制体系的有效性。

4. 增强第三方支付服务组织交易系统的安全性

(1)尽快制定统一的第三方支付服务技术标准。第三方支付服务业务技术标准包括基础技术标准、安全标准、系统操作标准和电子信息交换标准等，以确保第三方支付服务系统的安全可靠，同时也为今后不同平台之间的连接创造条件。

(2)建立健全第三方支付服务组织安全管理体系。要明确计算机信息系统开发部门、管理部门和应用部门的职责，将系统风险防范措施标准化和制度化。要建立数据库审计制度，由独立的专门审计部门定期或不定期地对数据、信息和权限设置等技术安全保障机制进行监测和审查，评估系统的技术风险，提出修复和整改方案。

(3)加强和完善技术安全保障机制。要建立符合安全性要求的独立机房，确保信息的完整性、安全性和有效性。要建立功能强大的防火墙系统和病毒监测系统，定期做好系统漏洞监测工作。要制定有效稳妥的应急处置预案，建立异地灾备系统，保证系统的故障和灾难恢复处理能力。

5. 建立安全可靠的客户结算资金管理机制

(1)建立自有资金与客户结算资金分离制度。客户结算资金应当在商业银行专户存储,专户核算,单独设账,方便对客户结算资金的统计,方便管理部门对其实施监督管理。其次,要建立客户结算资金的保证金制度。第三方支付服务组织要按照管理部门确定的比例提取保证金,保证金可以存放在中国人民银行。保证金提取可根据组织规模、管理和运行情况等实行差别比例制度,由中国人民银行对第三方支付服务组织实行定期评估,确定合理的提取比例。

(2)建立合理的沉淀资金利用制度。可允许第三方支付服务组织进行合理、合法的投资,取得相应的收益。但投资的领域应当仅限于低风险、高流动性的货币市场,严禁将沉淀资金投资于资本市场以及其他高风险、低流动性的领域,以降低投资风险。要规范客户结算资金利息收入的分配。第三方支付服务组织可通过客户账户进行利息分配,或通过客户和第三方支付服务组织事先签订相关协议的方式,对利息的归属作出安排。

【知识拓展】

超级网银试点将满月　收费标准受高度关注

中国人民银行推出的“超级网银”2010 年 8 月 30 日上线,由于处于试运营期,“超级网银”目前未开始收费,那么今后正式运营的“超级网银”收费是否较之现有网上银行更具竞争力?

据了解,因为“超级网银”功能众多,故全部功能开放之后,费用可能并不会低于第一代网银。

1. 体验“超级网银”有门槛

据此间媒体报道,目前并不是每一位客户都可以享受到“超级网银”服务,因为很多银行都设置了一定的门槛,并且客户需要同时满足连接银行双方的条件才可操作。

8 月 30 日,“超级网银”在北京、广州、深圳和天津四地上线试运行,而且值得注意的是,目前很多体验“超级网银”的客户都会发现银行网站页面明明罗列着可以链接进入的银行，但在操作时会有诸如“对方登录状态非法”“对不起，您暂时无法使用该功能！”的提示。据记者了解，造成这种结果的原因可能是对方银行未上线，或者是客户不符合条件。

中国建设银行的一位工作人员解释说：“您在使用我行的‘超级网银’时，要提前咨询一下要链接的银行，看看您是否符合他们的条件，因为只有双方都认证了您的资格才可以使用。”对此，民生银行、交通银行等也持相同态度。

据了解，中国建设银行目前规定只有高级版网银的客户才可使用；中信银行则只针对拥有移动证书客户开放；交通银行表示“超级网银”只有注册版的网银客户才可以使用；民生银行也只认证贵宾版网银客户，大众版客户还无法体验这一系统。

2. 申请繁琐，用户未感受超级体验

重复的操作流程，曲折的签约过程和个别银行的高手续费并没有让用户感受到“超级网银”的超级体验。虽然“超级网银”可谓在各家联网银行中搭建了一条高速公路，但是试运行初期仍然存在了标准不统一、开通流程复杂等问题。

具体来说，开通两家银行的网银互联，用户必须在两家银行分别开通网上银行，分别对他行的账户进行签约或者登记，种种复杂的操作让普通用户一头雾水。因此，设计此类产品的时候一定要在开放的前夕精心做好用户体验才能广受欢迎。

但是因为其具备一些银行自有网银无法匹敌的优势，这将吸引大量有需要的客户群。普通网银在跨行转账方面并不能做到实时，如果碰到节假日便要顺延，而“超级网银”则能够真正实现全天候24小时实时到账。所以，笔者相信“超级网银”的推出将使未来的金融服务市场更加细分化，令客户实现按需选择。

3. “超级网银”收费或与现有网银持平

目前手续费已成为银行业最大利润增长点。据最新银行中期业绩报告显示:16家上市银行2010年上半年实现3434亿元的净利,银行卡手续费在内的手续费用收入,则成为上市银行业绩的重要推动力。根据中报数据计算,银行卡手续费日均收入达1.4亿元。平摊到全国每个人身上,相当于每人每天在银行卡上花费0.1元以上。

因为"超级网银"刚上线仍然处在试用期,有部分银行打出"免费牌"只为推广"超级网银",中国人民银行表示,在该系统上线初期,中国人民银行对商业银行等参与者暂不收取费用。但这并不影响银行向持卡人收费。对各家商业银行收费标准,央行规定,各商业银行向客户的收费,根据有关规定确定。

中银网站公告显示,使用"超级网银"进行跨行转账,每笔所收费率为人民币0.5元手续费,外加从5元至200元不等的人民币电子汇划费。以跨行转账2万元为例,则需要收取0.5元手续费加10元电子汇划费,总计10.5元。中国银行方面表示,这一费用标准与现有的中国银行网上银行收费标准相同。中国建设银行、交通银行等多家银行客服人员也表示,"超级网银"的跨行转账收费标准将与现有标准相当,此外,跨行查询、签约等服务目前暂不收取费用。中信银行和民生银行客服人员表示,现阶段使用该行的系统登录"超级网银"进行同城跨行转账,不收取任何费用。如果使用本行系统进行同城跨行转账,却会收取一定的费用。

但是,在招商银行试用"超级网银",其价格要更高于招商银行普通网银。据了解,在招行使用"超级网银"进行同城跨行转账,手续费用为转账金额的0.6%,最低5元,最高50元;这一费用高于招行每笔两元的收费标准。

兴业银行客服人员也表示,如果在兴业银行使用"超级网银"进行同城跨行转账,1万元以下(含)每笔收取5.5元,1万至5万元(含)转账每笔收取10.5元,虽然这一费用与部分银行相同,但是与该行自有的同城跨行网上转账免费相比,还是一笔不小的成本。

由于处于"试运营"期，多家银行的"超级网银"服务也都未开始收费。但一位银行业内人士表示，蛋糕并不会对客户免费太久；而且从部分银行公布的跨行转账收费标准来看，"超级网银"全部功能开放之后，多项费用可能不会低于第一代网银。

第四章 构建现代农业信息服务平台

互联网农业成为“互联网+”的一个焦点,受到了包括资本市场在内的多方关注,阿里巴巴、京东等互联网巨头也开始借生鲜电商介入农业市场,一大批农业互联网平台应运而生。然而,如何将互联网与农业有机结合,运用互联网发展农业市场,目前还没有已被证明成功的模式。我国的互联网农业尚处于初级阶段,还有很多问题需要解决。

信息化水平是衡量农业现代化程度的重要标尺。尽管各方一直在推进农业互联网建设,并且取得了一定的成果,但是相比农业信息市场巨大的需求量来说还是远远不够的。

我国农业市场拥有将近4万个网站平台、3 000多种专业的农业期刊,另外还有数百种与农业相关的报纸,以及一大批农业类广播电视节目,资源不可谓不丰富。然而,我国农村人口占全国多半,达9亿之多,而农村网民人口不到2亿,还有7亿多的农民消息闭塞,对信息的需求得不到满足。

第一节 农业互联网呈现四大发展态势

由于我国农业信息市场存在着巨大的缺口,因而我国农业互联网逐渐呈现出多元发展的态势,在众多农业网站中,以农产品电商、农业导航、数据咨询、信息媒体类平台最多。

一、农业咨询类网站

农业咨询类网站的运营模式是将线下渠道的咨询信息发布

到平台上，与其说是一个互联网公司，还不如说是一个披着互联网外衣的线下信息集中营。信息内容主要包括来自其他行业或企业的相关经验、先进的管理技术和工具以及成熟的工作方法。

跨行业的经验有助于帮助企业拓宽视野；借助管理领域的先进经验，企业可以变得更专业；将专业顾问高效的工作方法带到企业团队中，整个团队就可以迅速成长起来。

比如天下粮仓、卓创资讯、艾格农业等从事农业数据分析的资讯类网站，就是通过学习大宗产品期货市场数据分析等其他行业的成熟经验，进而开展自己的业务，取得了迅速的发展。

我国农业互联网起步较晚，数据资源并不丰富，甚至很多数据不可靠，严重影响了农业咨询网站的服务质量。数据的不可靠导致了部分咨询服务的不可靠，给农业咨询行业造成了很不好的影响。然而，随着行业的发展，以及农业企业对咨询服务的认知的提高，有实力的资讯类平台逐渐得到了发展，靠忽悠客户生存的滥竽充数的咨询网站逐渐被市场淘汰，农业咨询行业的发展逐渐步入正轨。

企业对农业咨询行业认知水平的提高，必将促使此类平台完善自身的服务，过去单纯售卖数据的模式已经不足以维持网站的运营，网站必须为企业提供完整的咨询服务，首先要严格按照企业的真实情况诊断其存在的问题，然后根据诊断结果设计解决方案，最后帮助企业实施整个方案。

二、农产品电商类网站

农民的收入主要来自农产品的销售，所以销售环节是发展农业经济的重要部分。长期以来，农产品销售饱受渠道限制，除了卖给粮站、粮店以外没有多少选择，导致了农产品价格与农民收入偏低。

进入互联网时代，农产品品类日渐丰富，消费者的需求日趋个性化、多样化，农产品生鲜电商趁势崛起，喵生鲜、沱沱工社、顺丰优选等各种形式的生鲜电商纷纷冒出。

到2014年年底,我国大大小小的生鲜电商已超过4 000家,涉农综合类电商超过3万家。自2014年起,推进农产品电商平台发展被纳入政府计划,意味着农产品电商即将被纳入正规军,逐渐向规范化、品牌化、平台化转型。

人们选择在互联网电商平台购物,除了便利之外,更主要的原因是价格低廉。低于实体卖场的售价,是电商平台吸引消费者的主要原因。然而,目前我国的农产品电商很难实现低价售卖,甚至很多农产品售价略高于实体店铺,这种状况的出现主要有两个原因:

一个原因是大部分农产品电商走的是高端路线,主要售卖有机、生态、可追溯的高品质产品,高品质的农产品意味着更高的培育成本,更高的培育成本就意味着更高的售价。

更重要的原因在于高昂的时间成本和物流成本。生鲜类产品由于其本身的特性对物流的速度要求非常高,必须在尽量短的时间里送到消费者手中,如果在路上花费太久,产品新鲜度降低,产品的品质随之大打折扣。而除了物流公司本身的运力、仓储、人工效率外,物流的配送速度更依赖于畅通的交通网络,这一点很难满足。很多偏远地区的农产品产地道路不通畅,消费者所在的城市也有限号、堵车等交通阻碍因素,这些都是生鲜配送的致命伤。

三、农业信息服务类网站

在这4种类型的农业网站之中,信息服务类网站起步较早,大大小小的网站已经有3万多个,每天平均浏览量高达120多万次,这些网站为企业用户提供多种类型的信息和服务,内容涵盖农业领域的各个角落。

然而,这类网站虽然数量众多,但是成功的很少,有影响力的仅有几家,大部分网站资源分散,内容千篇一律,服务功能十分有限。造成这样的情况主要是由于此类网站资金匮乏而且缺少目光长远的行业领导者,没有大量的资金投入,很难健全网站的服务功能。

四、农业网址导航类网站

其他3类网站越来越多,农业网址导航类网站也随之发展起来,逐渐跻身最方便的网站信息搜索平台之列。在网站架构方面,这类网站几乎完全按照hao123之类的知名互联网导航网站的模式而建,在内容方面则涵盖了各大农业相关网站,包括产业链上下游的互联网平台,基本能够满足企业用户对各种农业资源的搜索需求。

农业网址导航类网站起步时间相对较晚,大部分都是新注册的网站,网页级别普遍较低,被搜索引擎收录的较少,而且基本都是文字导航,页面设置过于单调,各个网站大同小异,缺少引人注意的个性特点,影响力普遍较小,发展情况比较好的只有中国农业网站导航、中国农业网址大全等少数几个。

此类网站的未来,应该往差异化方向发展。网站应该做出自己的特色,朝多元化方向发展,比如按照网站LOGO排列的可视网址导航,以及支持用户自己定制网站、更换网站主题等,为用户提供更好的使用体验。

第二节　互联网带来的智慧农业

智慧农业就是集成现代的信息技术将农业生产过程标准化、机械化,通过大量的传感器感知农作物的状态,再将具体数据传输给计算机处理中心,由计算机处理中心做出相应的判断,然后将结果传送给终端执行。

相比于传统农业,智慧农业能够大大节约人力成本,同时加强了对农产品品质的管控,也更容易抵御干旱等自然风险,因而得到了积极的推广。

互联网带来的智慧农业，让畜牧养殖和农产品种植过程都十分现代化。国内已经有很多现代化农场实现了农产品种植、养殖的智能化。

位于北京密云县季庄的海华云都是一家经营智能养殖业务的生态农业公司，这家公司的养殖场里养着数千头奶牛，每头奶牛佩戴有一个电子身份识别卡，里面存储着这只奶牛的所有身份信息，包括年龄、血统、初次挤奶的时间等，这些信息会被智能挤奶大厅自动读取，奶牛产出的奶的品质会被智能挤奶杯自动检测，这样一个流程下来，只需要四五名工人就可以完成全部的挤奶以及质量检测工作。

类似的情形在这个养殖基地中随处可见，比如在奶牛的喂养环节，由计算机中心控制的饲喂站会自动称取奶牛的重量，再参考奶牛电子识别卡中的信息，在后台计算出每只奶牛需要的饲料量，然后自动投料饲喂，整个过程全由机器完成，人们只需要坐在计算机前轻点鼠标，就可以保证每只奶牛被饲养得健健康康。

总投资100亿元的秦龙现代生态智能创意农业园，是政府主导下的智能农业项目，该园区占地10 000亩（15 亩 = $1hm^2$，全书同），主要开展智能化、规模化的农产品种植，从播种、浇水、施肥再到施药、采摘，全部实现了机械化自动作业。比如，通过雷达定位和GPS导航，无人驾驶的飞机可以自动飞到园区上方对农作物进行喷药和施肥；通过传感器传回的数据，机器人可以自动判断果实是否成熟，自动进行采摘动作。

第三节　互联网带来的农业电商

互联网电子商务模式的介入大大拓宽了农产品的销售渠道，将农产品直接卖到了消费者手中，在将农产品卖得更快、更好的同时,也催生出了一大批成功的农产品电商品牌,“三只松鼠”就是其中之一。

一、“三只松鼠”异军突起

2012年成立的三只松鼠是一家经营坚果、干果、茶叶等农产品销售的新型电商,成立第一年就创造了3亿元的营业额,日销售额将近800万元,上线仅65天就夺得淘宝天猫零食坚果特产类目第一名的成绩,创造了农产品电商行业的奇迹。之所以能够取得这样的成绩,离不开三只松鼠独特的经营方式。

在经营产品范围的选择上,三只松鼠选择了年轻人爱吃的夏威夷果、松子、山核桃等干果;在店铺装修、包装设计上迎合“80后”“90后”网购人群的喜好,跟紧时尚步伐;品牌形象方面选择了三只萌版松鼠,以动漫形象吸引用户,同时突出其森林系品牌定位;在细节方面,三只松鼠更是照顾到了方方面面。

在产品包装上设计三只松鼠的漫画,用附带的微杂志传播“慢食快活”文化,随产品附送封口夹、剥壳器、吐壳袋和擦手湿巾,这些设计别致又贴心的小工具甚至还有自己的专属名字,比如吐壳袋叫“鼠小袋”,擦手巾叫“鼠小巾”等。借助这些细节,三只松鼠打造了良好的用户体验和品牌形象,在消费者群体中赢得了良好的口碑。

从策划运营角度也能看出三只松鼠品牌的用心之处。三只松鼠通过大数据技术的运用,实现了对目标客户群体的精准营销,提高了营销效率;在服务方面,三只松鼠打造了精良的客服团队,保持与客户群体的密切互动,重视客户的反馈意见,并据此不断进行改进;在产品链的控制方面,三只松鼠选择了轻装上阵,从供应商处购进原材料,自己负责产品质量的控制和包装部分。

二、联想佳沃成为跨界电商

2013年11月,联想控股投资的佳沃集团与曾经的中国烟草大王褚时健联合推出"褚橙柳桃"产品,即联想柳传志的"佳沃金艳果猕猴桃"与褚时健出产的"励志橙"的组合。褚橙柳桃售价不菲,但是在各电商网站频频创造了销售佳绩,成为互联网营销的经典案例,随即引发了一轮互联网大佬代言农产品的热潮,包括潘石屹的苹果以及任志强的家乡小米等,开创了一个互联网大佬务农营销的新时代。

联想控股对农业板块的布局,意味着互联网农业已经发展到了一个新的层次,互联网开始从全方位改造传统农业,从生产过程的品质管控,到生产环节的生产水平提高,再到营销环节的创新设计,互联网技术被运用到了农业生产链的各个环节,搭建出完整的互联网农业生态。从长远来看,依托联想的全球战略,农业也可以实现全球范围内的产业布局。联想对农业的跨界,最终可实现农产品全程可追溯、全产业链运营和全球化布局。

联想对农业的布局,经过了对农业的认真研究,并对此有着比较平和的预期。在经营产品的种类上,联想选择的蓝莓和猕猴桃产品都是较为高端的农产品,这些产品具有比较大的利润空间,更容易实现盈利。在具体运作上,联想通过对佳沃集团的收购,迅速完成了生产基地的布局,这在很大程度上缩短了投资年限。考虑到农业的周期特点,联想在农业板块稳扎稳打,不急于求成,这也是联想农业的可贵之处。

伴随着"互联网+"的热潮,互联网农业正成为新的投资热点,在"打头阵"的联想之后,还有更多的互联网企业已经或者准备跨界农业市场。然而,农业是一个回报周期较长的产业,互联网农业的未来能否成功,现在还无法判定,让我们拭目以待。

第五章　互联网时代电子商务物流配送

互联网时代电子商务的普及应用,给全球物流带来了新的发展,使物流及快递业务具备了一系列新特点。在电子商务环境下,由于全球经济的一体化趋势,当前的物流业正向全球化、信息化、网络化、自动一体化发展。近几年来,我国 B2B 电子商务物流市场需求和现代物流产业均已进入快速增长时期。一批超大型国有物流企业投身第三方物流市场,70% 的物流服务提供商在过去的 3 年中,年均业务增幅都高达 30% 。但是总体来看,由于受我国经济发展的水平和许多影响物流产业健康发展因素的制约,目前,我国物流产业的总体规模还比较小,发展水平也比较低。

【拓展阅读】

沃尔玛成功的利器——物流配送

沃尔玛百货有限公司(简称沃尔玛)由美国零售业的传奇人物山姆·沃尔顿先生于 1962 年在阿肯色州成立。经过四十余年的发展,沃尔玛已经成为美国最大的私人雇主和世界上最大的连锁零售商。目前,沃尔玛在全球十几个国家开设了超过 7 000家的商场,员工总数超过 190 多万,每周光临沃尔玛的顾客近 1.76 亿人次。2006 财政年度沃尔玛全球销售额达到 3 449亿美元。沃尔玛连续多年荣登《财富》杂志世界 500 强企业和“最受尊敬企业”排行榜。沃尔玛从 1996 年就开始在我国开设连锁店,但 2012 年沃尔玛在我国营业额为 100 亿美元,仅占总营业额小部分。2013 年 11 月报道称，沃尔玛 CEO 兼董事长 Mike Duke 最近宣布，沃尔玛将在今后三年里开设 110 个大型购物中心和山姆会员店。同时，将在接下来一年半的时间里关闭 15 ~30 个其在我国的连锁分店。沃尔玛将采取“地理重定位战略”，将大多数新连锁店的位置集中在规模小然而今后发展速度更快的城市。同时，所有连锁店里放置更新换代并且更加新鲜的商品。沃尔玛将建立新的商品配送中心，以保证商品配送和供应链管理更加高效。

沃尔玛的业务之所以能够迅速增长，并且成为国际上非常著名的公司之一，沃尔玛前任总裁大卫·格拉斯这样总结：配送设施是沃尔玛成功的关键之一，如果说我们有什么比别人干得好的话，那就是配送中心。

沃尔玛公司 1962 年建立第一个连锁商店，随着连锁店铺数量的增加和销售额的增长，物流配送逐渐成为企业发展的瓶颈。于是，1970 年沃尔玛在公司总部所在地建立起第一个配送中心，集中处理公司所销售商品的 40%。随着公司不断发展壮大，配送中心的数量也不断增加。至今该公司已建立 110 个配送中心，为全球 4 900 多家商场提供配送服务。

沃尔玛配送中心的基本流程是供应商将商品送到配送中心后，经过核对采购计划、进行商品检验等程序后，分别送到货架的不同位置存放；商店要货计划提出后，计算机系统将所需商品的存放位置查出，并打印有商店代号的标签；包装好的商品直接由货架送往传送带，零散的商品由工作台人员取出后也送到传送带上。一般情况下，商店要货的当天就可以将商品送出。

如今，沃尔玛在美国拥有 100% 的物流系统，配送中心已是其中一小部分，沃尔玛完整的物流系统不仅包括配送中心，还有更为复杂的资料输入采购系统、自动补货系统等。

为了满足国内 3 000 多个连锁店的配送需要，沃尔玛公司在国内共有近 3 万辆大型集装箱挂车，5 500辆大型货运卡车，24

小时昼夜不停地工作。每年的运输总量达到77.5亿箱，总行程6.5亿公里。合理调度如此规模的商品采购、库存、物流和销售管理，离不开高科技的手段。为此，沃尔玛公司建立了专门的计算相管理系统、GPS卫星定位系统和电视高度系统，拥有世界一流的先进技术。

沃尔玛公司总部只是一座普通的平房，但与其相连的计算机控制中心却是一座外貌像体育馆的庞然大物，公司的计算机系统规模在美国仅次于五角大楼（美国国防部），甚至超过了联邦航天局。全球4 900多个店铺的销售、订货、库存情况可以随时调出查询。公司同休斯公司合作，发射了专用卫星，用于全球店铺的信息传送与运输车辆的定位及联络。公司5 500辆运输卡车，全部装备了卫星定位系统，每辆车在什么位置、装载什么货物、目的地是什么地方，总部一目了然。公司可以合理安排运力和路线，最大限度地发挥运输潜力，避免浪费，降低成本，提高效率。

案例启示：

沃尔玛正是通过对物流、信息流的有效控制，使公司从采购开始，到最后由销售网络把产品送到消费者手中的过程变得高效有序，实现了商业活动的标准化、专业化、统一化、单纯化，从而达到实现规模效益的目的，使其在零售业界所向披靡。从沃尔玛物流配送的案例中我们可以得到以下启示。

（1）物流配送对于企业发展的重要性。

（2）物流是一个复杂的系统，包括运输、储存、配送、信息处理等多个环节。

（3）尤其要重视信息及现代信息技术的应用。现代社会是一个信息社会，企业要想成为一流的企业，必须运用一流的信息技术作保证。沃尔玛拥有世界一流的先进信息技术。

（4）规模出效益。在物流领域，随着业务规模的扩大，可以让企业的物流设施、人力、物力、财力等资源充分利用，发挥效益;可以采用专用设备、设施,提高工作效率;采用先进技术,跟高科技接轨。这些都是规模扩大后带来的好处。沃尔玛实现了规模效益的目的。

第一节　互联网时代认识物流配送活动

一、互联网时代物流概述

物流是一种常见的经济活动,随着电子商务的发展与应用,物流越来越受到人们的关注和重视,各种类型的物流企业如物流公司、配送中心等也如雨后春笋般大量涌现。

那么何谓"物流"呢?首先要从商品流通谈起,商品流通是指商品或服务从生产领域向消费领域的转移过程,是介于生产和消费之间的、克服生产与消费之间距离的活动。相对于商业的概念而言,商品流通的概念有了很大延展,将其由过去的行业的概念上升为产业的概念,并成为第三产业的基础产业和主导构成部分,包括交通运输业、邮电通信业、国内商业、对外贸易业、饮食业、物资供销业、仓储业等。流通离不开经济活动,所谓经济活动是一个生产和消费的总的体系,基本上由生产和消费两种功能构成,而在生产与消费之间,存在着社会间隔、场所间隔和时间间隔。随着经济的发展,社会分工越来越细,这种间隔也逐渐增大。正是流通将生产和消费之间的这些社会的、场所的和时间的间隔联系起来。在商品流通过程中,需要不断地完成由商品到货币和货币到商品的变化,这种变化既涉及商品价值形态的转换、商品所有权的转移,又涉及商品实体的位置移动等。其中,商品通过买卖活动而发生的价值形态变化和所有权的转移,称作商品的价值转换,简称商流;在商品流通过程中,商品实体在空间位置上的移动和在流通领域内的停滞,称作商品的实体运动,简称物流;在商品流通中,信用证、汇票、现金等,在各个交易方之间的流动,简称资金流;在商品流通中,所有信息的流动过程,简称信息流,以上活动形成了商品流通活动的框架。这其中,商流是物流的先导,物流是商流的物质基础,两者相辅相成,缺一不可。商流对物流有决定性的作用,物流也反作用于商流。物流搞好了,就能促进商流的发展;反之,就会使商流处于中断或瘫痪状态。尽管物流与商流的关系非常密切,但它们各自具有不同的活动内容和规律,在现实经济生活中,进行商品交易活动的地点,往往不是商品实物流通的最佳路线的必经之处,商流一般要经过一定的经营环节来进行业务活动,而物流则不受经营环节的限制,它可以根据商品的种类、数量、交货要求、运输条件等,使商品尽可能由产地通过最少环节、以最短的运输路线、按时保质地送到用户手中,已达到降低物流费用、提高经济效益的目的。在合理组织流通活动中,实行商务分离的原则是提高社会经济效益的客观需要,也是企业现代化发展的需要。

1915 年,美国人阿奇·萧在《市场流通中的若干问题》一书中最早提出物流的概念。物流(Physical Distribution,PD)的中文意思是“实物分配”或“货物配送”。随着人们对物流认识的深化和提高,物流的内涵日益丰富。从 20 世纪 70 年代起,美国经济学界更多地把物流称为 Logistics,而不是 Physical Distribution,Logistics 的研究领域更宽广。到 20 世纪 70 年代,日本成为世界上物流最发达的国家之一。20 世纪 80 年代初,我国从日本引进物流的概念至今。

(一)物流的含义

物流是个传统行业,但随着经济的迅速发展,高新技术的不断涌现,已赋予它更新、更深的内涵和全新的概念,使物流业进入了一个蓬勃发展的全新阶段。物流的概念在 20 世纪 80 年代初被引入我国,在此之前,我国就有传统的储运业。许多大大小小的储运公司实际上进行着运输、保管、包装、装卸、流通加工等与物流有关的各种活动。

GB/T 18354—2014《物流术语》中把物流定义为物品从供应地向接收地的实体流动中,根据实际需要,将运输、储存、装卸、搬运、包装、流通加工、配送、信息处理等基本功能有机结合来实现用户要求的过程。

(二)物流的分类

1. 按照物流系统的作用划分

包括供应物流、生产物流、销售物流、回收物流、废弃物流。

(1)供应物流是指生产企业、流通企业或消费者购入原材料、零部件或商品的物流过程。是物资生产者、持有者至使用者之间的物流。

(2)生产物流是指在生产过程中,从原材料采购到在制品、半成品等各道生产程序的加工,直至制成品进入仓库全过程的物流活动。生产物流和企业生产流程同步,是从原材料购进开始直到产成品发送为止的全过程的物流活动。如果生产物流中断,企业生产过程也将随之停顿。

(3)销售物流是指生产企业或流通企业售出产品或商品的物流过程。是物资的生产者或持有者与用户或消费者之间的物流。

(4)回收物流是指在生产、供应和销售过程中产生的各种边角余料、废料、残损品的处理等发生的物流活动。对回收物料的处理如果进行不当会造成资源浪费或污染。

(5)废弃物流是指将经济活动中失去原有使用价值的物品,根据实际需要进行收集、分类、加工、包装、搬运、储存等,并分别送到专门处理场所时所形成的物品实体流动。

2. 按照物流活动的空间范围划分

分为地区物流、国内物流、国际物流。

(1)地区物流是指某一行政区域或经济区域的内部物流。

(2)国内物流是为国家的整体利益服务在国家自己的领地范围内开展的物流活动,国内物流作为国民经济的一个重要方面,应该纳入国家总体规划的内容。

(3)对国家之间和世界各大洲之间进行的原材料与产品的流通称为国际物流。随着全球经济发展的国际化和网络化,国际物流就显得越来越重要。

3. 按照物流系统性质划分

可分为社会物流、行业物流、企业物流。

(1)社会物流是指社会再生产总体的物流活动,物流的业务活动以社会为范围,面向社会。社会物流涉及在商品的流通领域所发生的所有物流活动,因此社会物流带有宏观性和广泛性,也称为大物流或宏观物流。

(2)行业物流是指在一个行业内部发生的物流活动。在一般情况下,同一个行业的各个企业往往在经营上是竞争对手,但为了共同的利益,在物流领域中却又常常互相协作,共同促进行业物流系统的合理化。

(3)企业物流。在企业经营范围内由生产或服务活动所形成的物流系统称为企业物流。企业作为一个经济实体,为社会提供产品或某些服务。

4. 按照从事物流的主体进行划分

可分为第一方物流、第二方物流、第三方物流、第四方物流。

(1)第一方物流是指需求方(生产企业或流通企业)为满足自己企业在物流方面的需求,由自己完成或运作的物流业务。

(2)第二方物流是指供应方(生产厂家或原材料供应商)专业物流企业,提供运输、仓储等单一或某种物流服务的物流业务。

(3)第三方物流(TPL)是指由物流的供应方与需求方以外的物流企业提供的物流服务。即由第三方专业物流企业以签订合同的方式为其委托人提供所有的或一部分的物流服务。

(4)第四方物流是一个供应链的集成商,是供需双方及第三方的领导力量。它不是物流的利益方,而是通过拥有的信息技术、整合能力以及其他资源提供一套完整的供应链解决方案,以此获取一定的利润。它是帮助企业实现降低成本和有效整合资源,并且依靠优秀的第三方物流供应商、技术供应商、管理咨询以及其他增值服务商,为客户提供独特的和广泛的供应链解决方案。

(三)物流活动的要素

物流活动的要素即物流活动的基本功能,是指物流活动所具有的基本能力。通过对物流各要素的有机结合,形成物流的总体功能,进而实现物流的经济目标。其基本要素由运输、仓储、装卸搬运、包装、流通加工、配送与配送中心及物流信息构成。

1. 运输

GB/T 18354—2014 对运输的定义:用设备和工具,将物品从一地点向另一地点运送的物流活动。其中包括集货、分配、搬运、中转、装入、卸下、分散等一系列操作。运输的任务是对物质进行较长距离的空间移动。因此,运输是物流的主要功能要素之一;运输是社会物质生产的必要条件之一;运输可以创造“场所效用”;运输是“第三个利润源”的主要源泉。

2. 仓储

仓储就是在特定的场所对物品进行保存及对其数量、质量进行管理控制的活动。其目的是克服产品生产与消费在时间上的差异,使物资产生时间效果,以实现其使用价值。

3. 装卸搬运

装卸搬运是指在同一地域范围内进行的,以改变物品的有效形态和空间位置为主要内容和目的的活动,具体包括装上、卸下、移动、拣选分类、堆垛、入库、出库等活动。

装卸搬运作业由堆放拆垛作业、配货作业、搬送、移送作业和其他作业构成。

搬运装卸作业合理化的原则主要有省力化原则、消除无效搬运、提高搬运活性、合理利用机械、保持物流的均衡顺畅、集装单元化原则、人性化原则、提高综合效果。

4. 包装

包装是物流系统的环节之一，是指为了在流通过程中保护产品、方便储运、促进销售，按照一定技术方法而采用的容器、材料以及辅助物的总体名称。包装在物流中的地位与作用：一是生产的终点，流通的起点；二是保护产品，方便储运，促进销售；三是影响物流成本；四是方便消费。

包装按功能可分为工业包装和商业包装。工业包装是指以保护运输和保管过程中的物品为主要目的的包装，也称为运输包装，相当于外装（包含内装）；商业包装是以促进商品销售为主要目的的包装，其本身构成商品的一部分，也称作零售包装或消费包装。

包装主要通过包装的轻薄化、包装的单纯化、符合集装单元化和标准化的要求、包装的机械化与自动化、注意与其他环节的配合、有利于环保来实现包装合理化。

5. 流通加工

GB/T 18354—2006 对流通加工的定义：物品在从生产地到使用的过程当中，根据需要施加包装、分割、计量、分拣、刷标志、栓标签组装等简单作业的总称。流通加工的特点如下。

（1）流通加工的对象是进入流通过程的商品，而生产加工对象是原材料、零配件及半成品。流通加工程度大多是简单加工，而不是复杂加工。从价值观点看，生产加工的目的在于创造价值及使用价值，而流通加工则在完善其使用价值并在不做大改变的情况下提高其价值。流通加工的组织者是由从事流通工作的人在流通企业完成,而生产加工则由生产企业完成。

(2)流通加工的目的是增加附加价值,方便运输、方便用户和方便综合利用。

(3)流通加工的形式有钢板剪切流通加工,水泥流通加工,玻璃流通加工,自行车、助力车流通加工,服装、书籍流通加工,水产品、肉类、蔬菜、水果等食品流通加工,酒类流通加工。

6. 配送与配送中心

(1)配送。GB/T 18354—2006 对配送的定义是在经济合理的区域范围内,根据用户要求,对物品进行拣选、加工、包装、分割、组配等作业,并按时送达指定地点的物流活动。其是拣选、包装、加工、组配、配置、配备、送货等各种物流活动的有机组合,不是一般性的企业之间的供货和向用户的送货。与运输相比,更直接面向并靠近用户。配送完善了输送及整个物流系统,方便了用户,提高了供应保证程度和末端物流的经济效益,并可使企业实现零库存。

(2)配送中心。其是指从事配送业务的物流场所或组织。其实质是集货中心、分货中心和流通加工中心为一体的现代化的物流基地。配送中心的功能是集货、储存、分货和配货。

配送中心的工作流程主要如下:

进货→集货→储存→分拣→配送→分类→车辆配送→送货→用户。

7. 物流信息

GB/T 18354—2006 对物流信息的定义:反映物流各种活动内容的知识、资料、图像、数据、文件的总称;或者物流活动进行中必要的信息称为物流信息。

物流信息系统是物流企业针对环境带来的挑战而做出的基于信息技术的解决方案,它是物流企业按照现代管理思想、理念,以信息技术为支撑,所开发的信息系统。其具有集成化、模块化、实时化、网络化、智能化的特点。

物流信息系统的基本功能是数据的收集和录入、信息的存储、信息的传播、信息的处理。

(四)物流在国民经济中的作用

现代物流作为一种先进的组织方式和管理技术,被广泛认为是企业在降低物资消耗,提高劳动生产率以外的重要的利润源泉,在国民经济和社会发展中有着重要的地位并发挥着重要作用。

(1)物流是保证商流顺畅进行,实现商品价值和使用价值的物质基础。

(2)物流是开拓市场的物质基础,决定着市场的发展广度、规模、方向。

(3)物流直接制约社会生产力要素能否合理流动,直接制约社会资源的利用程度和利用水平,影响着社会资源的配置。

(4)物流状况如何,还对宏观经济效益和微观经济效益具有直接制约作用。

总之,物流被人们称为“第三利润源”,其在国民经济中占有重要位置,更好地发挥物流的职能,对加速现代化建设有着重要的作用。

(五)物流管理

人们常说,物流水平代表一个国家的经济发展程度,而物流管理则是物流水平的集中体现。物流管理即应用管理的基本原理与方法,对物流活动进行计划、组织、协调与控制,以最低的物流成本,实现客户最满意的物流服务,提高综合物流效益。换言之,物流管理(Logistics Management)是指在社会在生产过程中,根据物质资料实体流动的规律,应用管理的基本原理和科学方法,对物流活动进行计划、组织、指挥、协调、控制和监督,使各项物流活动实现最佳的协调与配合，以降低物流成本，提高物流效率和经济效益。现代物流管理是建立在系统论、信息论和控制论的基础上的。

物流管理的对象包括对物流活动诸要素，如运输、储存、装卸搬运、包装、流通加工、配送等的管理；对物流系统诸要素，如人、财、物、设备、方法和信息等的管理；对物流活动中具体职能，如计划、质量、技术、经济的管理。

二、互联网时代物流信息

（一）物流信息分类

信息具有价值性、实效性、经济性，可以减少或消除事物不确定性的信息、情报、资料和知识。物流信息指的是在物流活动中产生和使用的必要信息，是由物流活动引起并能反映物流活动实际状况、特征及发展变化，并被人们处理了的对物流有用的数据、情报、指令、消息的统称。

1. 按广义和狭义分类

从狭义范围来看，物流信息是指与物流活动（如运输、保管、包装、装卸、流通加工等）有关的信息。

从广义范围来看，物流信息不仅指与物流活动有关的信息，而且包含其他与流通活动有关的信息，如商品交易信息和市场信息等。它与商品交易信息和市场消息相互交融密切关系。

物流信息概括说是由包括伴随物流活动而发生的系统内部信息（包括物流流转信息、物流作业信息、物流控制层信息和物流管理层信息）和在物流互动以外发生的提供给物流活动使用的信息（包括供货人信息、客户信息、订货合同信息、交通运输信息、市场信息、政策信息，以及来自有关企业内部生产、财务等部门与物流有关的信息）组成。

2. 按信息的作用不同分类

(1)计划信息。指尚未实现的,但已作为目标确认的一类信息,如物流量计划、仓库吞吐量计划、与物流活动有关的国民经济计划、工农业产品产量。

(2)控制及作业信息。指物流活动过程中发生的信息,如库存种类、库存量、在运量、运输工具状况、物价、运费等。这类信息的特点是具有较强的动态性,更新速度快,并且富有时效性,即只有得到信息才有用,否则将变得毫无价值。

(3)统计信息。指在物流活动结束后,对整个物流活动进行总结、归纳的信息。已产生的统计信息都是一个历史性的结论,是恒定不变的。但新的统计结果不断出现,从而从总体看来具有动态性。统计信息的作用是用以正确掌握过去的物流活动及规律,以指导物流战略发展和制订计划。物流统计信息也是国民经济中非常重要的一类信息。

(4)支持信息。指对物流计划、业务、操作有影响或有关的文化、科技、产品、法律、教育、民俗等方面的信息,如物流技术的革新、物流人才需求等。这类信息不仅对物流战略发展有价值,而且也能对控制、操作起到指导、启发的作用,是可以从整体上提高物流水平的一类信息。

3. 按信息的加工程度不同分类

信息按加工程度的不同可以分成如下两类。

(1)原始信息。原始信息是指未加工的信息,它是信息工作的基础,也是最有权威性的凭证性信息,一旦有需要,可从原始信息中找到真正的依据。原始信息是加工信息可靠性的保证。

(2)加工信息。加工信息是对原始信息进行各种形式和各个层次处理后的信息。这种信息是原始信息的提炼、简化和综合,它可以大大缩小信息存量,并将信息整理成有使用价值的数据和资料。

4. 按活动领域分类

物流各个分系统、各不同功能要素领域,由于物流活动性质有区分,信息也有所不同。按这些领域分类,有运输信息、仓储信息、装卸信息等,甚至更细化分成集装箱信息、托盘交换信息、库存量信息、汽车运输信息等。

(二)物流信息技术

物流信息技术(Logistics Information Technology)是指物流各环节中应用的信息技术,包括计算机、网络、信息分类编码、自动识别、电子数据交换、全球定位系统、地理信息系统等技术。

物流信息技术是物流现代化极为重要的领域之一,计算机网络技术的应用使物流信息技术达到新的水平。物流信息技术是物流现代化的重要标志。物流信息技术涉及面很广,其中自动识别技术、无线通信技术、物流软件技术等发展很快。自动识别技术以条码技术为主流,RFID、传感器等识别技术发展很快。大景深的条形码扫描器件,能够在0.3~15米扫描条形码。既可以扫描手持的单据,又可以扫描高位货架上的条码标签的手持设备,值得推广。今后,自动识别技术和无线通信技术结合是物流信息化的发展趋势。目前,车载和手持的条形码数据终端大多都内置了无线通信模块,实现了货运车辆和人员操作的信息实时性问题,能够提供功能强大的移动数据实时采集、数据实时处理、无线货物接收、无线库存盘点、无线货物出库、无线商品核价、无线作业调度等应用。运用无线数据终端,可以将货物接收、储存、提取、补货等信息及时传递给控制系统,实现对库存的准确掌控,缩短系统反应时间。数据传输系统与客户计算机系统连接,实现共同运作,则可为客户提供实时信息管理,提高了信息化水平,实现无纸化作业,改善了物流系统整体运作效率。

(三)物流信息管理

物流信息管理是指运用计划、组织、指挥、协调、控制等基本职能对物流信息进行搜集、检索、研究、报道、交流和提供服务的过程,并有效地运用人力、物力和财力等基本要素以期达到物流管理的总体目标的活动。

物流信息管理作为一个动态的发展概念,其内涵和外延不断地随着物流实践的深化和物流管理的发展而发展。

三、互联网时代电子商务物流

(一)电子商务物流

电子商务物流是基于传统物流概念基础上,结合电子商务中信息流、商流、资金流的特点而提出的,是电子商务环境下,物流新的表现方式。因此,其概念可理解为是基于信息流、商流、资金流网络化的物资或服务的配送活动,包括实体商品(服务)和虚拟商品(服务)的物理传送。

(二)电子商务物流特征

1. 信息化

物流信息化表现为物流信息的商品化、物流信息收集的数据库化和代码化、物流信息处理的电子化、物流信息传递的标准化和实时化、物流信息存储的数字化等。因此,条形码技术、数据库技术、电子订货系统、电子数据交换、快速反应系统及有效的客户反应系统、企业资源计划等技术与观念在我国的物流中将会得到普遍的应用。没有物流的信息化,许多先进的技术设备都不可能应用于物流领域,信息技术及计算机技术在物流中的应用将会彻底改变传统物流的面貌。

2. 自动化

自动化的基础是信息化,自动化的核心是机电一体化,自动化可以扩大物流作业能力、提高劳动生产率、减少物流作业的差错等。物流自动化的设施非常多,如条形码/语音/射频自动识别系统、自动分拣系统、自动存取系统、自动导向车、货物自动跟踪系统等。这些设施在发达国家已普遍用于物流作业流程中,而我国由于物流业起步晚、发展水平低,自动化技术的应用与发达国家相比还有一定的差距。

3. 网络化

物流领域网络化的基础也是信息化。这里指的网络化有两层含义:

一是物流配送系统的计算机通信网络。物流配送中心与供应商或制造商的联系、与下游顾客之间的联系都要通过计算机网络通信。

二是组织的网络化。按照客户订单组织生产,生产采取分散形式,即将全世界的资源都利用起来,采取外包的形式进行生产和供销的重新组合,实现网络化经营。

4. 智能化

智能化是物流自动化、信息化的一种高层次应用。物流作业过程大量的运筹和决策,如库存水平的确定、运输路径的选择、物流经营管理的决策支持等问题都需要借助于大量的知识才能解决。各种专家系统、机器人等相关技术在国际上已经有比较成熟的研究成果。为了提高物流现代化的水平,物流的智能化已成为电子商务下物流发展的一个新趋势。

5. 社会化

社会化程度的高低是区别现代物流配送和传统物流配送的一个重要区别。传统的物流配送中心往往是某一企业为给本企业或本系统提供物流配送服务而建立起来的。有些配送中心虽然也为社会服务,但同电子商务下的新型物流配送所具备的真正社会性相比有很大的局限性。

(三)国外电子商务物流解决方案

1. 美国的物流中央化

物流中央化的美国物流模式强调“整体化的物流管理系统”，是一种以整体利益为重,冲破按部门分管的体制,从整体进行统一规划管理的管理方式。在市场营销方面,物流管理包括分配计划、运输、仓储、市场研究、为用户服务五个过程;在流通和服务方面,物流管理过程包括需求预测、订货过程、原材料购买、加工过程,即从原材料购买直至送达顾客的全部物资流通过程。

2. 日本的高效配送中心

物流过程是生产—流通—消费—还原(废物的再利用及生产资料的补足和再生产)。在日本,物流是非独立领域,由多种因素制约。物流(少库存多批发)与销售(多库存少批发)相互对立,必须利用统筹来获得整体成本最小的效果。物流的前提是企业的销售政策、商业管理、交易条件。销售订货时,交货条件、订货条件、库存量条件对物流的结果影响巨大。流通中的物流问题已转向研究供应、生产、销售中的物流问题。

3. 适应电子商务的全新物流模式——物流代理

物流代理(Third Party Logistics,TPL,即第三方提供物流服务)的定义为:“物流渠道中的专业化物流中间人,以签订合同的方式,在一定期间内,为其他公司提供的所有或某些方面的物流业务服务。”

从广义的角度以及物流运行的角度来看,物流代理包括一切物流活动,以及发货人可以从专业物流代理商处得到的其他一些价值增值服务。提供这一服务是以发货人和物流代理商之间的正式合同为条件的。这一合同明确规定了服务费用、期限及相互责任等事项。

狭义的物流代理专指本身没有固定资产但仍承接物流业务,借助外界力量,负责代替发货人完成整个物流过程的一种物流管理方式。

物流代理公司承接了仓储、运输代理后,为减少费用的支出,同时又要使生产企业觉得有利可图,就必须在整体上尽可能地加以统筹规划,使物流合理化。

第二节　互联网时代电子商务与物流配送

一、互联网时代电子商务下物流配送

(一)互联网时代电子商务下物流配送的定义

电子商务下物流配送就是信息化、现代化、社会化的物流配送,它是指物流配送企业采用网络化的计算机技术和现代化的硬件设备、软件系统及先进的管理手段,针对社会需求,严格地、守信用地按用户的订货要求,进行一系列分类、编配、整理、分工、配货等理货工作,定时、定点、定量地交给没有范围限度的各类用户,满足其对商品的需求。

(二)互联网时代电子商务下物流配送特点

电子商务与传统商务的本质区别就是它以互联网为基础进行商品、货币和服务等交易,目的在于减少信息社会的商业中间环节,缩短周期,降低成本,提高经营效率,提高服务质量,使企业有效地参与竞争。

物流配送定位在为电子商务的客户提供服务,根据电子商务的特点,对整个物流配送体系实行统一的信息管理和调度,按照用户订货要求,在物流基地进行理货工作,将配好的货物送交收货人的一种物流方式。这一先进的、优化的流通方式对流通企业提高服务质量、降低物流成本、优化社会库存配置,从而提高企业的经济效益及社会效益具有重要意义。

回顾配送制的发展历程,可以说经历了三次革命。初期阶

段就是送物上门。为了改善经营效率,国内许多商家较广泛地采用了把货送到买主手中,这是商务的第一次革命。第二次物流革命是伴随着电子商务的出现而产生的,这是一次脱胎换骨的变化,不仅影响到物流配送本身,也影响到上下游供应链体系,包括供应商、消费者。第三次物流革命就是物流配送的信息化及网络技术的广泛应用所带来的种种影响,这些影响是有益的,使物流配送更有效率。

电子商务下物流配送除具备传统物流配送的特征外,还具备以下基本特征。

(1)信息化。通过网络使物流配送由信息武装起来。实行信息化管理是新型物流配送的基本特征。这也是实现现代化和社会化的前提保证。

(2)现代化。传统的物流配送虽然也具备相当的现代化程度,但要求并不是十分严格。

较电子商务下的新型物流配送相比,无论在水平、范围、层次等各环节上都有很大的不足和欠缺。现代化程度的高低是区别新型物流配送和传统物流配送的一个重要特征。

(3)社会化。同现代化一样,社会化程度的高低也是区别新型物流配送和传统物流配送的一个重要特征。很多传统的物流配送中心往往是某一企业为给本企业或本系统提供物流配送服务而建立起来的,有些配送中心虽然也有为社会服务的,但同电子商务下的新型物流配送所具备的真正社会性相比,具有很大的局限性。

(三)互联网时代电子商务对传统物流配送的冲击和影响

(1)给传统的物流配送观念带来深刻的革命。传统的物流配送企业需要置备大面积的仓库,而电子商务系统网络化的虚拟企业将散置在各地的分属不同所有者的仓库通过网络系统连接起来,使之成为“虚拟仓库”,进行统一管理和调配使用,服务半径和货物集散空间都放大了。这样的企业在组织资源的速度、规模、效率和资源的合理配置方面都是传统的物流配送所不可比拟的,相应的物流观念也必须是全新的。

(2)网络对物流配送的实施控制代替了传统的物流配送管理程序。一个先进系统的使用,会给一个企业带来全新的管理方法。传统的物流配送过程是由多个业务流程组成的,受人为因素影响和时间影响很大。网络的应用可以实现整个过程的实时监控和实时决策。新型的物流配送业务流程都由网络系统连接。当系统的任何一个神经末端收到一个需求信息的时候,该系统都可以在极短的时间内做出反应,并可以拟订详细的配送计划,通知各环节开始工作。这一切工作都是由计算机根据人们事先设计好的程序自动完成的。

(3)物流配送的持续时间在网络环境下会大大缩短,对物流配送速度提出了更高的要求。在传统的物流配送管理中,由于信息交流的限制,完成一个配送过程的时间比较长,但这个时间随着网络系统的介入会变得越来越短,任何一个有关配送的信息和资源都会通过网络管理在几秒钟内传到相关环节。

(4)网络系统的介入,简化了物流配送过程。传统物流配送整个环节极为繁琐,在网络化的新型物流配送中心里可以大大简化这一过程。

在网络支持下的成组技术可以更加淋漓尽致地被使用,物流配送周期会缩短,其组织方式也会发生变化;计算机系统管理可以使整个物流配送管理过程变得简单和容易;网络上的营业推广可以使用户购物和交易过程变得更有效率、费用更低;可以提高物流配送企业的竞争力;随着物流配送业的普及和发展,行业竞争的范围和残酷性大大增加,信息的掌握、信息的有效传播和其易得性,使得用传统的方法获得超额利润的时间和数量越来越少;网络的介入,使人们的潜能得到充分的发挥,自我实现的需求成为多数员工的工作动力。

在传统的物流配送企业中,大量的人从事简单的重复劳动,人是机器、数字和报表的奴隶，劳动的辛苦是普遍存在的。在网络化管理的新型物流配送企业，这些机械的工作都会交给计算机和网络，而留给人们的是能够给人以激励、挑战的工作。人类的自我实现的需求得到了充分的满足。

综上所述，推行信息化配送制，发展信息化、自动化、现代化的新型物流配送业是我国发展和完善电子商务服务的一项重要内容，势在必行。

二、新型物流配送中心特征及运作类型

（一）新型物流配送中心特征

根据国内外物流配送业发展情况，在电子商务时代，信息化、现代化、社会化的新型物流配送中心可归纳为以下几个特征。

（1）物流配送反应速度快。电子商务下，新型物流配送服务提供者对上游、下游的物流配送需求的反应速度越来越快，前置时间越来越短，配送时间越来越短，物流配送速度越来越快，商品周转次数越来越多。

（2）物流配送功能集成化。新型物流配送着重于将物流与供应链的其他环节进行集成，包括物流渠道与商流渠道的集成、物流渠道之间的集成、物流功能的集成、物流环节与制造环节的集成等。

（3）物流配送服务系列化。电子商务下，新型物流配送除强调物流配送服务功能的恰当定位与完善化、系列化，除了传统的储存、运输、包装、流通加工等服务外，还在外延上扩展至市场调查与预测、采购及订单处理、向下延伸至物流配送咨询、物流配送方案的选择与规划、库存控制策略建议、货款回收与结算、教育培训等增值服务；在内涵上提高了以上服务对决策的支持作用。

（4）物流配送作业规范化。电子商务下的新型物流配送强

调功能作业流程,作业、运作的标准化和程序化,使复杂的作业变成简单的易于推广与考核的运作。

(5)物流配送目标系统化。新型物流配送从系统角度统筹规划一个公司整体的各种物流配送活动,处理好物流配送活动与商流活动及公司目标之间、物流配送活动与物流配送活动之间的关系,不求单个活动的最优化,但求整体活动的最优化。

(6)物流配送手段现代化。电子商务下的新型物流配送使用先进的技术、设备与管理为销售提供服务,生产、流通,销售规模越大、范围越广,物流配送技术、设备及管理越现代化。

(7)物流配送组织网络化。为了保证对产品促销提供快速、全方位的物流支持,新型物流配送要有完善、健全的物流配送网络体系,网络上点与点之间的物流配送活动保持系统性、一致性,这样可以保证整个物流配送网络有最优的库存总水平及库存分布,运输与配送快捷、机动,既能铺开又能收拢。分散的物流配送单体只有形成网络才能满足现代生产与流通的需要。

(8)物流配送经营市场化。新型物流配送的具体经营采用市场机制,无论是企业自己组织物流配送,还是委托社会化物流配送企业承担物流配送任务,都以"服务—成本"的最佳配合为目标。

(9)物流配送流程自动化。物流配送流程自动化是指运送规格标准,仓储货、货箱排列装卸、搬运等按照自动化标准作业,商品按照最佳配送路线等。

(10)物流配送管理法制化。宏观上,要有健全的法规、制度和规则;微观上,新型物流配送企业要依法办事,按章行事。

(二)物流配送中心运作类型

物流配送是流通部门连接生产和消费,使时间和场所产生效益的设施,提高物流配送的运作效率是降低流通成本的关键所在。物流配送又是一项复杂的科学系统工程,涉及生产、批发、电子商务、配送和消费者的整体结构,运作类型也形形色色。

1. 物流配送中心按运营主体的不同

大致有如下 4 种类型。

(1)以制造商为主体的配送中心。这种配送中心里的商品 100%是由自己生产制造,用以降低流通费用、提高售后服务质量和及时地将预先配齐的成组元器件运送到规定的加工和装配工位。从商品制造到生产出来后条形码和包装的配合等多方面都较易控制,因此按照现代化、自动化的配送中心设计比较容易,但不具备社会化的要求。

(2)以批发商为主体的配送中心。商品从制造者到消费者手中之间的传统流通有一个环节叫批发。一般是按部门或商品类别的不同,把每个制造厂的商品集中起来,然后以单一品种或搭配向消费地的零售商进行配送。这种配送中心的商品来自各个制造商,它所进行的一项重要的活动是对商品进行汇总和再销售,而它的全部进货和出货都是社会配送的,社会化程度高。

例如,美国加州食品配送中心是全美第二大批发配送中心,建于 1982 年,建筑面积 10 万米^2,有工作人员 2 000人左右,共有全封闭型温控运输车 600 多辆,1995 年销售额达 20 亿美元。经营的商品均为食品,有 43 000多个品种,其中有 98%的商品由该公司组织进货,另有 2%的商品是该中心开发加工的商品,主要是牛奶、面包、冰激凌等新鲜食品。该中心实行会员制,各会员超市因店铺的规模大小不同、所需商品配送量的不同而向中心交纳不同的会员费。会员店在日常交易中与其他店一样,不享受任何特殊的待遇,但可以参加配送中心的定期的利润处理。该配送中心本身不是盈利单位,可以不交营业税。因此,当配送中心获得利润时,采取分红的形式,将部分利润分给会员店。会员店分得红利的多少,将视在配送中心的送货量和交易额的多少而定,多者多分红。

该配送中心主要靠计算机管理。业务部通过计算机获取会员店的订货信息,及时向生产厂家和储运部发出要货指示单;厂家和储运部再根据要货指示单的先后缓急安排配送的先后顺序，将分配好的货物放在待配送口等待发运。配送中心 24 小时运转，配送半径一般为 50 公里。

该配送中心与制造商、超市协商制订商品的价格，主要依据是：①商品数量与质量；②付款时间，如在 10 天内付款可以享受 2% 的价格优惠；③配送中心对各大超市配送商品的加价率，根据商品的品种、档次不同以及进货量的多少而定，一般为 2.9% ~8.5% 。

(3) 以零售业为主体的配进中心。零售商发展到一定规模后，就可以考虑建立自己的配送中心，为专业商品零售店、超级市场、百货商店、建材商场、粮油食品商店、宾馆饭店等服务。社会化程度介于前两者之间。

例如：美国沃尔玛商品公司的配送中心是典型的零售型配送中心。该配送中心是沃尔玛公司独资建立的，专为本公司的连锁店按时提供商品，确保各店稳定经营。该中心的建筑面积为 12 万米^2，总投资 7 000万美元，有职工 1 200多人；配送设备包括 200 辆车头、400 节车厢、13 条配送传送带，配送场内设有 170 个接货口。中心 24 小时运转，每天为分布在纽约州、宾夕法尼亚州等 6 个州的沃尔玛公司的 100 家连锁店配送商品。

该中心设在 100 家连锁店的中央位置，商圈为 320 公里，服务对象店的平均规模为 1.2 万米^2。中心经营商品达 4 万种，主要是食品和日用品，通常库存为 4 000万美元，旺季为 7 000万美元，年周转库存 24 次。在库存商品中，畅销商品和滞销商品各占 50% ，库存商品期限超过 180 天为滞销商品。各连锁店的库存量为销售量的 10% 左右。1995 年，该中心的销售额为 20 亿美元。

在沃尔玛各连锁店销售的商品，根据各地区收入和消费水平的不同，其价格也有所不同。总公司对价格差价规定了上下限，原则上不能高于所在地区同行业同类商品的价格。

(4)以仓储运输业者为主体的配送中心。这种配送中心最强的是运输配送能力、地理位置优越,如港湾、铁路和公路枢纽,可迅速将到达的货物配送给用户。它提供仓储储位给制造商或供应商,而配送中心的货物仍属于制造商或供应商所有,配送中心只是提供仓储管理和运输配送服务。这种配送中心的现代化程度往往较高。

例如,美国福来明公司的食品配送中心是典型的仓储式配送中心。它的主要任务是接受美国独立杂货商联盟加州总部的委托业务,为该联盟在该地区的350家加盟店负责商品配送。该配送中心建筑面积为7万米^2,经营8.9万个品种,其中有1 200个品种是美国独立杂货商联盟开发的,必须集中配送。在服务对象店经营的商品中,有70%左右的商品由该中心集中配送,一般鲜活商品和怕碰撞的商品,如牛奶、面包、炸土豆片、瓶装饮料和啤酒等,从当地厂家直接进货到店,蔬菜等商品从当地的批发市场直接进货。

2. 从物流配送用的模式上分

有3种主要类型。

(1)集货型配送模式。该种模式主要针对上家的采购物流过程进行创新而形成。其上家生产具有相互关联性,下家互相独立,上家对配送中心的储存度明显大于下家,上家相对集中,而下家分散具有一定的需求。同时,这类配送中心也强调其加工功能。此类配送模式适于成品或半成品物资的推销,如汽车配送中心。

(2)散货型配送模式。这种模式主要是对下家的供货物流进行优化而形成的。上家对配送中心的依存度小于下家,而且配送中心的下家相对集中或有利益共享(如连锁业)。采用此类配送模式的流通企业,其上家竞争激烈,下家需求以多品种、小批量为主特征,适于原材料或半成品物资配送,如机电产品配送。

(3)混合型配送模式。这种模式综合了上述两种配送模式的优点,并对商品的流通全过程进行有效控制,有效克服了传统物流的弊端。采用这种配送模式的流通企业,规模较大,具有相当的设备投资,如区域性物流配送中心。在实际流通中,多采取多样化经营,降低了经营风险。这种运作模式比较符合新型物流配送的要求(特别是电子商务下的物流配送)。

3. 美国配送中心的运作流程

美国配送中心的库内布局及管理井井有条,使繁忙的业务互不影响,其主要经验如下。

(1)库内货架间设有27条通道,19个进货口。

(2)以托盘为主,4组集装箱为一货架。

(3)商品的堆放分为储存的商品和配送的商品,一般根据商品的生产日期、进货日期和保质期,采取先进库的商品先出库的原则,在存货架的上层是后进的储存商品,在货架下层的储存商品是待出库的配送商品。

(4)品种配货是数量多的整箱货,所以用叉车配货;店配货是细分货,小到几双一包的袜子,所以利用传送带配货。

(5)质量轻、体积大的商品(如卫生纸等),用叉车配货;质量重、体积小的商品用传送带配货。

(6)特殊商品存放区,如少量高价值的药品、滋补品等,为防止丢失,用铁丝网圈起,标明无关人员不得入内。

(三)电子商务下新型物流配送中心应具备的条件

1. 新型物流配送中心对企业管理水平的要求

新型物流配送中心作为一种全新的流通模式和运作结构,其管理水平要求其达到科学和现代化。只有通过合理的科学管理制度、现代化的管理方法和手段,才能确保物流配送中心基本功能和作用的发挥,从而保障相关企业和用户整体效益的实现。管理科学的发展为流通管理的现代化、科学化提供了条件,促进流通产业的有序发展和企业内部管理的机遇,开拓市场。同时,还要加强对市场的监管和调控力度,使之有序化和规范化。总之,以市场为导向、以管理为保障、以服务为中心、加快科技进步是新型物流配送中心的根本出路。

2. 新型物流配送中心对人员的要求

新型物流配送中心能否充分发挥其各项功能和作用,完成其应承担的任务,人才配置是关键。为此,新型物流配送中心的人才配置要求必须配备数量合理、具有一定专业知识和较强组织能力、结构合理的决策人员、管理人员、技术人员和操作人员,以确保新型物流配送中心的高效运转,知识对经济增长的作用只有当知识为劳动者所掌握之后才能显现出来,人才开发和利用是促进知识经济发展的根本。知识经济一方面要求人才的专业化程度不断加深,另一方面又要求人才能够全面发展,以适应多变的外部环境,这就给人才的培养和开发带来了机遇和挑战。新型物流配送中心的发展需要大量的各种专业人才,从事经营、管理、科研、仓储、配送、流通加工、通信设备和计算机系统维护、贸易等业务。因此必须加大人才培养的投入,培养和引进大批掌握先进科技知识的人才,并给其施展才华的机会;还应对现有职工进行有计划的定期培训,形成系统的学习科技知识的制度;在企业里引入竞争机制,形成能上能下的局面。要提高员工的科技创新意识,培养企业对知识的吸纳能力,促进物流产业的人力资源得到开发和利用,造就大批符合知识经济时代要求的物流配送人才,利用各种先进的科学技术和科学方法,促进物流配送产业向知识密集型方向发展。

3. 新型物流配送中心对装备配置的要求

新型物流配送中心面对成千上万的供应厂商和消费者以及瞬息万变的市场,承担着为众多用户的商品配送和及时满足他们不同需要的任务,这就要求必须配备现代化装备和应用管理系统，具备必要的物质条件，尤其是要重视计算机网络的运用。通过计算机网络可以广泛收集信息，及时进行分析比较，通过科学的决策模型，迅速做出正确的决策，这是解决系统化、复杂化和紧迫性问题最有效的工具和手段。同时采用现代化的配送设施和配送网络，将会逐渐形成社会化大流通的格局。专业化的生产和严密组织起来的大流通，对物流手段的现代化提出了更高要求，如对自动分拣输送系统、立体仓库、水平垂直分层分段旋转货架、AGV 自动导向系统、商品条形码分类系统、悬挂式输送机这些新型高放大规模的物流配送机械系统有着广泛而迫切的需求。自动分拣输送系统能将不同方向、不同地点、不同渠道运输的不同物资，按照类型品种、尺寸、重量及特殊要求分拣输送后集中在指定的主库或旋转货架上，其输送速度高（最高达 150 米/秒）、分拣能力强（最高达 30 000 件/小时）、规模大（机长高达几十甚至数百米），取货及分拣的通道多（最高达 200 个以上），适用的货物范围广，是面向 21 世纪配送网络的大型物流机器系统。自动分拣输送系统与立库、旋转货架设备能适应市场需求，可以提供更完美的服务，在为多用户、多品种、少批量、高频度、准确、迅速、灵活等服务方面具有独特的优势。

三、互联网时代电子商务物流模式

电子商务物流是基于互联网技术，旨在创造性的推动物流行业发展的新商业模式，其主要应用模式如下。

（一）企业自营物流模式

电子商务企业自身经营的物流，称为自营物流。如京东商城、苏宁易购等，建立闭环型物流体系，自主控制仓储、运输和快递队伍等全部资源，也有企业是与普通商务共用系统。

企业自营物流模式意味着电子商务企业自行组建物流配送系统，经营管理企业的整个物流运作过程。在这种方式下，企业也会向仓储企业购买仓储服务，向运输企业购买运输服务，但是这些服务都只限于一次或一系列分散的物流功能,而且是临时性的纯市场交易的服务,物流公司并不按照企业独特的业务流程提供独特的服务,即物流服务与企业价值链松散联系。如果企业有很高的顾客服务需求标准,物流成本占总成本的比重较大,而企业自身的物流管理能力较强时,企业一般不应采用外购物流,而应采用自营方式。由于中国物流公司大多是由传统的储运公司转变而来的,还不能满足电子商务的物流需求,因此,很多企业借助于他们开展电子商务的经验也开展物流业务,即电子商务企业自身经营物流。目前,我国采取自营模式的电子商务企业主要有两类:一类是资金实力雄厚且业务规模较大的电子商务公司,电子商务在我国兴起的时候,国内第三方物流的服务水平远不能满足电子商务公司的要求。另一类是传统的大型制造企业或批发企业经营的电子商务网站,由于其自身在长期的传统商务中已经建立起初具规模的营销网络和物流配送体系,在开展电子商务时只需将其加以改进、完善,即可满足电子商务条件下对物流配送的要求。选用自营物流,可以使企业对物流环节有较强的控制能力,易于与其他环节密切配合,全力专门的服务于该企业的运营管理,使企业的供应链更加协调、简洁与稳定。此外,自营物流能够保证供货准确、及时,保证顾客服务的质量,维护企业和顾客间的长期关系。但自营物流所需的投入非常大,建成后对规模的要求很高,大规模才能降低成本,否则将会长期处于不盈利的境地;而且投资成本较大、时间较长,对于企业柔性有不利影响。另外,自建庞大的物流体系,需要占用大量的流动资金。更重要的是,自营物流需要较强的物流管理能力,建成之后需要工作人员具有专业化的物流管理能力。

(二)物流企业联盟模式

物流企业联盟模式是指在物流方面通过签署合同形成优势互补、要素双向或多向流动、相互信任、共担风险、共享收益的物流伙伴关系。物流联盟是制造企业、销售企业、物流企业基于正式的相互协议而建立的一种物流合作关系,参加联盟的企业汇集、交换或统一物流资源以谋取共同利益;同时,合作企业仍保持各自的独立性。例如,阿里巴巴建立开放型合作物流体系,只控制物流地产枢纽和信息平台,吸引专业物流服务商登台唱戏,实现供需共赢,也是供应链集成服务平台。

物流联盟为了达到比单独从事物流活动取得更好的效果,在企业间形成了相互信任、共担风险、共享收益的物流伙伴关系。企业间不完全采取导致自身利益最大化的行为,也不完全采取导致共同利益最大化的行为,只是在物流方面通过契约形成优势互补、要素双向或多向流动的中间组织。联盟是动态的,只要合同结束,双方又变成追求自身利益最大化的单独个体。选择物流联盟伙伴时,要注意物流服务提供商的种类及其经营策略。一般可以根据物流企业服务的范围大小和物流功能的整合程度两个标准,确定物流企业的类型。物流服务的范围主要是指业务服务区域的广度、运送方式的多样性、保管和流通加工等附加服务的广度。物流功能的整合程度是指企业自身所拥有的提供物流服务所必要的物流功能的多少,必要的物流功能是指包括基本的运输功能在内的经营管理、集配、配送、流通加工、信息、企划、战术、战略等各种功能。一般来说,组成物流联盟的企业之间具有很强的依赖性,物流联盟的各个组成企业明确自身在整个物流联盟中的优势及担当的角色,内部的对抗和冲突减少,分工明晰,使供应商把注意力集中在提供客户指定的服务上,最终提高了企业的竞争能力和竞争效率,满足企业跨地区、全方位物流服务的要求。

(三)第三方物流模式

第三方物流(Third Party Logistics,3PL 或 TPL)是由物流业务的供方和需方之外的第三方去承担的物流。第三方是指独立于买卖之外的专业化物流公司,长期以合同或契约的形式承接供应链上相邻组织委托的部分或全部物流功能，因地制宜地为特定企业提供个性化的全方位物流解决方案，实现特定企业的产品或劳务快捷地向市场移动，在信息共享的基础上，实现优势互补，从而降低物流成本，提高经济效益。它是由相对“第一方”发货人和“第二方”收货人而言的第三方专业企业来承担企业物流活动的一种物流形态。第三方物流公司通过与第一方或第二方的合作来提供其专业化的物流服务，它不拥有商品，不参与商品买卖，而是为顾客提供以合同约束、以结盟为基础的系列化、个性化、信息化的物流代理服务。服务内容包括设计物流系统、EDI能力、报表管理、货物集运、选择承运人、货代人、海关代理、信息管理、仓储、咨询、运费支付和谈判等。第三方物流企业一般都是具有一定规模的物流设施设备（库房、站台、车辆等）及专业经验、技能的批发、储运或其他物流业务经营企业。第三方物流是物流专业化的重要形式，它的发展程序体现了一个国家物流产业发展的整体水平。第三方物流是一个新兴的领域，企业采用第三方物流模式对于提高企业经营效率具有重要作用。首先，企业将自己的非核心业务外包给从事该业务的专业公司去做；其次，第三方物流企业作为专门从事物流工作的企业，有丰富的专门从事物流运作的专家，有利于确保企业的专业化生产，降低费用，提高企业的物流水平。目前，第三方物流的发展十分迅速，有以下几方面是值得关注的。

第一，物流业务的范围不断扩大。商业机构和各大公司面对日趋激烈的竞争，不得不将主要精力放在核心业务，将运输、仓储等相关业务环节交给更专业的物流企业进行操作，以求节约和高效；另外，物流企业为提高服务质量，也在不断拓宽业务范围，提供配套服务。

第二，很多成功的物流企业根据第一方、第二方的谈判条款，分析比较自理的操作成本和代理费用，灵活运用自理和代理两种方式，提供客户定制的物流服务。

第三，物流产业的发展潜力巨大，具有广阔的发展前景。

(四)第四方物流模式

第四方物流主要是指由咨询公司提供的物流咨询服务，但咨询公司并不就等于第四方物流公司。目前，第四方物流在我国还仅停留在“概念化”的第四方物流公司，南方的一些物流公司、咨询公司甚至软件公司纷纷宣称自己的公司就是从事“第四方物流”服务的公司。这些公司将没有车队、没有仓库当成一种时髦；号称拥有信息技术，其实却缺乏供应链设计能力；只是将第四方物流作为一种商业炒作模式。第四方物流公司应物流公司的要求为其提供物流系统的分析和诊断，或提供物流系统优化和设计方案等。第四方物流公司以其知识、智力、信息和经验为资本，为物流客户提供一整套的物流系统咨询服务；从事物流咨询服务就必须具备良好的物流行业背景和相关经验，但并不需要从事具体的物流活动，更不用建设物流基础设施，只是对于整个供应链提供整合方案。第四方物流的关键在于为顾客提供最佳的增值服务，即迅速、高效、低成本和个性化服务等。第四方物流的众多优势如下。

第一，它对整个供应链及物流系统进行整合规划。第三方物流的优势在于运输、储存、包装、装卸、配送、流通加工等实际的物流业务操作能力，在综合技能、集成技术、战略规划、区域及全球拓展能力等方面存在明显的局限性，特别是缺乏对整个供应链及物流系统进行整合规划的能力。而第四方物流的核心竞争力就在于对整个供应链及物流系统进行整合规划的能力，也是降低客户企业物流成本的根本所在。

第二，它具有对供应链服务商进行资源整合的优势。第四方物流作为有领导力量的物流服务提供商，可以通过其影响整个供应链的能力，整合最优秀的第三方物流服务商、管理咨询服务商、信息技术服务商和电子商务服务商等，为客户企业提供个性化、多样化的供应链解决方案，为其创造超额价值。

第三，它具有信息及服务网络优势。第四方物流公司的运作主要依靠信息与网络，其强大的信息技术支持能力和广泛的服务网络覆盖支持能力是客户企业开拓国内外市场、降低物流成本所极为看重的，也是取得客户的信赖，获得大额长期订单的优势所在。

第四，它具有人才优势。第四方物流公司拥有大量高素质国际化的物流和供应链管理专业人才和团队，可以为客户企业提供全面的卓越的供应链管理与运作，提供个性化、多样化的供应链解决方案，在解决物流实际业务的同时实施与公司战略相适应的物流发展战略。

发展第四方物流可以减少物流资本投入、降低资金占用。通过第四方物流，企业可以大大减少在物流设施（如仓库、配送中心、车队、物流服务网点等等）方面的资本投入，降低资金占用，提高资金周转速度，减少投资风险。降低库存管理及仓储成本。第四方物流公司通过其卓越的供应链管理和运作能力可以实现供应链“零库存”的目标，为供应链上的所有企业降低仓储成本。同时，第四方物流大大提高了客户企业的库存管理水平，从而降低库存管理成本。发展第四方物流还可以改善物流服务质量，提升企业形象。

（五）物流一体化模式

物流一体化是指以物流系统为核心，由生产企业、物流企业、销售企业直至消费者的供应链整体化和系统化。它是在第三方物流的基础上发展起来的新的物流模式。20 世纪 90 年代，西方发达国家如美国、法国、德国等提出物流一体化现代理论，并应用和指导其物流发展，取得了明显效果。在这种模式下物流企业通过与生产企业建立广泛的代理或买断关系，使产品在有效的供应链内迅速移动，使参与各方的企业都能获益，使整个社会获得明显的经济效益。这种模式还表现为用户之间的广泛交流供应信息，从而起到调剂余缺、合理利用、共享资源的作用。在电子商务时代,这是一种比较完整意义上的物流配送模式,它是物流业发展的高级和成熟的阶段。物流一体化的发展可进一步分为3个层次:物流自身一体化、微观物流一体化和宏观物流一体化。物流自身一体化是指物流系统的观念逐渐确立,运输、仓储和其他物流要素趋向完备,子系统协调运作、系统化发展。微观物流一体化是指市场主体企业将物流提高到企业战略的地位,并且出现了以物流战略作为纽带的企业联盟。宏观物流一体化是指物流业发展到如下水平:物流业占到国家国民总收入的一定比例,处于社会经济生活的主导地位,它使跨国公司从内部职能专业化和国际分工程度的提高中获得规模经济效益。物流一体化是物流产业化的发展形势,它必须以第三方物流充分发育和完善为基础。物流一体化的实质是一个物流管理的问题,即专业化物流管理人员和技术人员,充分利用专业化物流设备、设施,发挥专业化物流运作的管理经验,以求取得整体最佳的效果。同时,物流一体化的趋势为第三方物流的发展提供了良好的发展环境和巨大的市场需求。

四、互联网时代电子商务与供应链管理

(一)供应链的概念

供应链(Supply Chain,SC)的思想是在20世纪80年代提出来的。随着全球经济一体化的推进,传统的管理模式受到冲击,国际上一些大企业如Dell公司、惠普公司等在供应链实践中取得了重大成绩,使得人们坚信供应链管理是企业适应全球竞争环境的一种有效途径,供应链思想已经引起了国内外学者和企业界的广泛关注。供应链是社会化大生产的产物,是重要的市场营销方式和流通组织形式,对生产和流通有着直接的导向作用。

供应链是指由在产品生产和流通过程中所涉及的原材料供应商、生产商、分销商、零售商以及最终消费者(用户)组成的供

需网络。

对供应链的理解,不同的学者有不同的认识。我国 2001 年颁布实施的 GB/T 18354—2014《物流术语》中对供应链的定义是:生产及流通过程中,涉及将产品或服务提供给最终用户活动的上游与下游企业所形成的网链结构。如电器制造企业,上游是金属和元器件生产厂家,下游是批发商和零售商,最终到达消费者手中。在这个供应链系统中,所有涉及的企业无疑具有相互依存的紧密联系,如果各企业间的关系不协调,就会导致整个系统的效益低下。

从供应链发展趋势来看,整个供应链运作逐渐从推式变成拉式。推式即推动式,推动式供应链运作以制造商为核心,产品生产出来后从分销商逐级推向用户,分销商和零售商处于被动接受的地位,各个企业之间的集成度较低,通常采取提高安全库存量的办法应付需求变动,因此整个供应链上的库存量较高,对需求变动的响应能力较差。拉式即牵引式,牵引式供应链的驱动力产生于最终用户,整个供应链的集成度较高,信息交换迅速,可以根据用户的需求实现定制化服务,采取这种运作方式的供应链系统库存较低。牵引式供应链虽然整体绩效表现出色,但对供应链上企业的要求较高,对供应链运作的技术基础要求也较高。

供应链作为一个网链结构,其中的一个企业就是一个节点,节点企业之间是供应与需求的关系。供应链具有如下几个特征。

第一,复杂性。供应链是一个复杂的网络,往往由多个、多类型,包括生产型、服务型、加工型,甚至多国企业组成,因此供应链结构模式及运作比一般单个企业的结构模式更为复杂。

第二,动态性。供应链是因企业战略和适应市场需求的变化而建立的,随着市场需求的变化和企业战略的调整,供应链结构及节点企业都需要动态更新,这就使得供应链具有明显的动态性。

第三,市场性。现代供应链是以市场用户为中心的牵引式运作方式,供应链的形成、存在、重构都是基于一定的市场需求而发生的,并且在供应链的运作过程中,用户的需求拉动是供应链中物流、信息流、资金流等运作的驱动源。

第四,交叉性。一个节点企业既可以是这个供应链的成员,同时又可以是另一个供应链的成员,众多的供应链体系相互交错,无疑增加了协调管理的难度。

(二)供应链管理

供应链管理(Supply Chain Management,SCM)究其根本是一种新的管理理念和管理思想,是在现代科技条件下、在产品极其丰富条件下发展起来的,它涉及企业及企业管理的各个方面,是一种跨行业的管理,节点企业作为贸易伙伴为追求共同的经济利益而努力。

供应链管理是指利用计算机网络技术对供应链中发生的商流、物流、资金流、信息流以及贸易伙伴关系等进行全面规划、组织、协调和控制(包括许多活动,如采购、原料处理、生产计划和控制、物流、存货控制以及分销)等,以达到最佳组合,发挥最大效率,迅速以最小的成本为客户提供最大的附加值的目的。其中对物流的管理是整个供应链管理的基础。

供应链管理是运用系统的思想和方法对整个供应链进行管理,协调供应链上各个节点企业的活动,最终达到整个供应链的优化,使供应链上的每个企业都从中受益。

(三)电子商务与供应链管理

供应链管理强调供应链中所有成员的合作与协调,要求所有节点企业都必须顾全大局,从整体出发,努力降低整个供应链的成本,获取最大化整体效益,以提高整个供应链的价值和竞争力。

在电子商务环境下，由于全球经济一体化的趋势，当前的供应链系统正在向全球化、信息化、一体化的方向发展。电子商务为供应链管理开辟了一个崭新的天地，使得供应链能全面采用计算机和网络技术支持企业及其客户之间的交易活动，包括产品销售、服务、支付等；电子商务促进企业合作，能保持对市场变化和顾客需求的积极响应，供应商、制造商、零售商和顾客之间的交互正日益向复杂化和全球化的方向发展。

当竞争从企业对企业转变为供应链对供应链时，利用先进的供应链管理会为供应链上的企业带来巨大的竞争优势。

(四)电子商务环境下的供应链管理策略

(1)快速响应是在准时制思想的影响下产生的，是为了在以时间为基础的竞争中占据优势，建立起来的一整套对环境反应敏捷和迅速的系统。

(2)有效客户响应是指在商品分销系统中，为消除不必要的成本和费用，给客户带来更大效益而进行密切合作的一种供应链管理策略。

其核心内容有以下 4 点。

①以较少的成本为供应链上的客户提供更好的产品、更好的库存服务和更多的便利服务。

②采用标准的工作措施和回报系统，该系统标识出潜在的回报，促进公平分享回报，达到整个系统的有效性。

③利用准确、及时的信息支持有效的市场生产及后勤政策，这些信息以 EDI 的方式在贸易伙伴间自由流动。

④确保客户能随时获得所需商品。

(3)企业资源计划是美国 GartnerGroup 公司于 1990 年提出的，其确切定义是 MRPII (企业制造资源计划)下一代的制造业系统和资源计划软件。

企业资源计划是一种主要面向制造行业进行物质资源、资金资源和信息资源集成一体化管理的企业信息管理系统。企业资源计划是一个以管理会计为核心,可以提供跨地区、跨部门、甚至跨公司整合实时信息的企业管理软件。针对物资资源管理(物流)、人力资源管理(人流)、财务资源管理(财流)、信息资源管理(信息流)集成一体化的企业管理软件。

(4)电子订货系统是指将批发、零售商场需要的订货数据输入计算机,通过商业增值网络中心将资料传递至总公司、批发商、商品供货商或生产制造商,后者根据收到的信息及时安排出货。

第三节　农产品电商的冷链物流、产品标准化、信任体系

农产品从生产到最终的消费完成之间经历的环节很多,时间也比较长,电子商务的涉足虽然为农业的发展起到很大的促进作用,但仍然存在无法改善的问题。这些问题主要包括物流成本居高不下、缺乏完善的冷链物流、农产品缺少标准化、经营过程中信任不足等几方面。

唐代大诗人杜牧的《过华清宫》中有一千古名句:一骑红尘妃子笑,无人知是荔枝来。这句唐诗可以看出唐玄宗对杨贵妃的宠爱,也从侧面反映出荔枝很难保鲜。唐朝没有发达的交通和专业的物流,昂贵的运送成本只能是皇宫贵族才能出的起。但是在现代社会,顺丰优选让远离荔枝产地的普通百姓也能品尝到鲜嫩的荔枝。

通过顺丰团队的专业操作,客户直接给荔枝生产者下单,生产者则根据需求量到产地采摘荔枝,运用顺丰的冷链物流把荔枝送到消费者手中,这个过程所需的全部过程不超过两天,可以保证荔枝的新鲜度。这种与电子商务结合的运营方式因满足了消费者对农产品质量的要求而大受欢迎,而把这种方式的概念范围扩大来看,指的就是农业电子商务。

美国作为技术和服务都位列全球之首的国家在农产品的物流服务上也刚刚起步，亚马逊（Amazon）作为其代表，正在发展名为 Amazon Fresh 的生鲜类农产品的物流运输，也就是说，不光是我国，以上问题在世界范围内都是农产品电子商务发展的巨大阻碍。

一、农产品电商的范畴

（一）主营食品类的电商

食品是供给消费者食用的物品（成品和原料都包括在内），在工业领域属于食品一类的是工业化食品，农业领域则是农副产品。工业化食品都经过了加工，这样食品就更容易存储和流通，农业副产品是没有经过加工的食品，包括在农林牧渔行业生产出的动植物食品。

（二）主营生鲜类的电商

生鲜类食品大部分属于农副产品，比如，经常出现在人们餐桌上的海鲜类产品和肉、奶、蛋、谷物。主营生鲜类食品的电商都知道，做好食品的保鲜工作是他们获得成功的核心。

（三）主营特产类的电商

这一类电商经营的是具有地方性特色的食品。

二、农产品电商的市场分析

中国是一个人口大国，食品为人们的生活必需品，食品行业在中国的市场非常巨大。我们可以通过中国食品工业协会的统计信息来分析中国的食品行业和农业电子商务的发展情况。

2015 年，我国食品工业的生产总值近 20 万亿元，占到国内 GDP 量的 1/5。而这一年总共有 2.45 万亿元的农副产品进入流通领域，但是，这些食品中只有 1% 左右是由电商经营的。

相对于服装和 3C 产品而言，农产品电子商务在整个农产品销售行业中所占的比重实在太少。据统计,17%的服装销售是通过电子商务来完成的,而3C产品中也有约15%的业务由电子商务完成。电商在农业市场中有巨大的发展空间,开发前景广阔。

三、农业电子商务的三大问题

电子商务运营的方式实际上就是在网络上与潜在客户进行沟通交流,最终成功地将产品营销给客户而收取利润。它们借助网络平台和微博微信等方式来运营,但是这种运营方式也并不是十全十美的,因为它只解决可以呈现在互联网上的问题,对于互联网之外的问题是没有办法解决的,对于经营环节多的农业来说,这个问题显得更加突出。就目前来说,农业电子商务的三大问题是:

★物流成本高,缺乏冷链物流。

★农产品电商的标准化程度低,进程缓慢。

★经营过程中信任不足。

(一)物流成本居高不下

让我们先看下农业电子商务中各电商的物流成本,我们会发现,假设单价是100元,25%~40%的成本是物流成本,相比服装电商(5元左右)的物流成本,物流成本的高昂让农产品电商相比传统的超市分销模式变得缺少竞争力(表5-1)。

服装电商在物流中增加的成本大概是5元,但是农产品电商的物流成本能达到25~40元。所以,与传统农产品经营模式相比,农产品电商经营大幅度提高了产品的成本,这打击了部分农产品电商的积极性。

从冷藏条件来分析一下中国目前的物流情况。美国的冷藏车总数为60万辆,标准是每500人配备一辆,而日本的标准是每400人配备一辆冷藏车,如果用这两个国家的标准来估算中国的冷藏车总数,那么中国的冷藏车数量应该在300万辆以上,可是实际情况只有 4 万辆。

表 5－1　不同农产品电商平台的物流对比

平台	模式	物流方式	物流成本	备注
顺丰优选	购销电子商务	自建冷链	>40 元/单	全新冷链体系，质量有保证，但是成本高
淘宝生态农业	电子商务平台	商家自己解决		
中粮我买网	购销	自建普货体系	>25 元/单	质量不容易保证
多利农庄	农场基地	外包冷链	25 元/单	
京东	电子商务平台	商家自己解决		
其他		自送	>30 元/单	部分外包给普货物流

中国的农产品得不到物流的支持，冷链物流的匮乏严重影响了农产品的流通，即使那些能够成功运送到市场上的农产品也因为质量的下降、成本的增加而导致商家的利润提升困难。有数据指出，中国每年的果蔬损耗率在 25% ~ 30%，一年 800 亿元的损失总额甚至能养活 2 亿人。

(二) 农产品标准化程度低

顺丰优选、正大天地、天天果园等都为农产品电商提供了良好的网络运营渠道。但耐人寻味的是，在每个平台上进行的食品交易中，从国外引进的食品种类都多于 40%。这反映了中国的许多农业产品是达不到市场要求的标准的。究其原因还是中国的农产品物流成本太高，这就提高了产品最终的市场价格，这样就把产品消费对象范围缩小为能够付得起价钱的那些高收入者（即高端人群）。但是，对于这些追求生活质量的高收入者来说，价格水平相当的产品，从国外引进的比国内产品的质量更好一些。为了解决这个问题，我们就需要提高国内农产品的标准化程度。

中国地大物博，地形丰富多样，各个地区都有符合该地的特色农产品，仅从农产品的分类就可以看出中国农产品的多种多样。我们通常把农产品分为水果、蔬菜、肉、奶、蛋、海鲜等品类，海鲜产品还可以进一步细分(鱼、虾、蟹等)。不同的产地、养殖方式、保鲜手段、加工程度等都可以作为农产品的划分依据。

我们可以从以下3个方面衡量农产品的标准化程度。

★品质上的标准化。从农产品的生产地与原产地的距离、是否具备产品的认证、产品的经营过程是否统一达标等多个方面的信息来衡量产品质量的标准化程度。

★工艺上的标准化。例如，鱼以怎样的形态在市场上出售，是卖鱼块还是鱼肉的肉末等。

★规格上的标准化。在商品的重量上可以进行标准的层次划分(100g、300g、500g)，产品在包装的精致程度上也有区别，这些都需要商家根据自己的情况和市场情况来定。

目前，我国在农产品品质的衡量上没有统一的标准，这是一个制度性的问题，这个问题的解决恐怕还需要很长一段时间。

(三)信任不足

淘宝已经在解决电商产品的信任问题上有了一定的突破，通过加强其控制力取得消费者的信任，例如，淘宝电商产品的假货赔款制度。但是，农产品淘宝并不能完美地解决信任问题。

淘宝对于农产品的评价体系以及农产品销售的信任体系建设仍存在不足。目前，淘宝多通过导购的方式来销售各地域的特色农产品，例如，其“特色中国”频道按照销售商品的地域特色，重新排列组合了那些销售该产品的淘宝店铺。但是这种导购制度存在很大的缺陷。例如，其销售商品中的余姚杨梅，作为地域特产，需求量较大，存在无数的店铺在销售，而消费者却难以分辨商品的真伪，更无法鉴别商品品质的优劣。

综上所述，农产品的电子商务建设还存在诸多问题及困难，要解决这些问题及困难，需要从以下两个方面入手。

(1)要完备农产品销售在冷链等方面的基础设施建设,加大投资力度。

(2)农产品的生产者要提高自身素质,加强互联网销售能力的学习。

第四节　农产品电商要做好物流和供应链体系

在认识到农业的潜力之后,电商们纷纷加入到农村地区的市场开拓行列中。互联网的发展为其提供了强大的平台支持,但是在农产品与电子商务的结合中,目前最需要做好的工作就是完善产品运输环节,以及消费者与生产者之间的联系环节。

一、农产品电商的两大关键制胜环节

(一)提供冷链运输,完善产品物流

多数农产品,像水果、蔬菜等都容易变质,为此,要在整个运输过程中实现冷链运输,用先进的保鲜技术和保鲜手段延缓农产品的腐坏。但是目前国内在物流环节的配备并不完善,产品运输过程中损耗严重,大幅提高了产品的上市价格。

上海是我国农产品与电子商务结合的试验之地,也是农产品电商的汇聚之地,相对于其他地区,上海拥有更先进的技术。在上海地区,农产品从"生鲜大仓"运输到区域仓库的过程中已经有了良好的冷链运输技术支持,但是,冷链运输即使在上海也没有在整个运输过程中实现,并且饮料等产品需要不同的存储温度,这些条件在运输中都无法得到保障,这个问题也是农产品电商发展道路上的一大阻碍。

(二)产品供应的缺乏,营销无法弥补

产品要素是农产品与电子商务结合中的关键要素,产品本身决定消费者是否会在首次购买之后继续选择该产品,这也是

农产品与电子商务能否进一步发展的关键。

经营季节性鲜明的农产品电商要取得稳步的增长,就需要做好产品的持续供应,这需要在产品生产出来后的各个环节下功夫,包括农产品的运输、储存、货物的配送等方面。否则,产品供应无法持续,营销环节做得再好,消费者在第一次消费后也会对产品大失所望,还是不会再选购这类产品,所以说,产品供应的缺失是营销无法弥补的。

二、"高价值生鲜冷链"打造的四重方法

(一)项目众筹、合作经营

从目前的情况来看,农产品的标准化程度低、运输损耗大、成本高的问题已经凸显出来,农产品电商都希望改善农产品运输环节,但是目前我国的冷链物流发展速度缓慢,保鲜技术也有待发展,个体农产品电商凭借一己之力解决这个问题的难度太大,因此,实现同行的合作或者投资方的支持是降低成本的一种策略。

(1)把实现冷链物流作为独立的开发项目,项目众筹,借助互联网平台集结多家资源,实现信息共享。

(2)寻找投资方进行冷链物流开发项目的投资,为项目的顺利进行和发展提供有力的资金保障。

(二)众包式运作

在农产品与电子商务融合的过程中,运输环节的技术限制和成本增加问题迟迟得不到解决。从行业性质来看,农产品电商属于生活服务类电商,可以联合与消费者距离相近的便利店和生活超市,通过在生活超市和便利店配备冷藏设备为农产品保鲜,保证到达消费者手中的农产品的品质。

(1)利用距离消费者较近的便利店或者超市,在农产品的物流环节进行分工合作,便利店或超市为农产品保鲜提供技术

支持(冷柜),并从中获得合理的利润分配。

(2)寻找能够提供保鲜设备的人进行合作,农产品由社区的合作人保证最后环节的质量,同上面一样,为其分配合理的利润。

(三)兼顾实施内部创业

农产品电商要想把冷链环节掌握好,可以从自己的员工入手。电商可以用员工分股的方法,将有关项目的股权下放,通过这种内部创业的方式,使员工为自己工作,既极大地调动了员工的积极性,又能形成以企业为中心的“电商生态圈”。

(1)将冷链物流相关项目的股权下放,通过向员工发放股权,实现员工入股企业。

(2)根据实际情况,综合不同员工的实际能力,可以允许员工以技术、资金等不同形式入股。对于有实力的员工,企业也可以通过与其合作的方式实现企业的扩展。

(四)布点布线合理

北京、上海、广州等大城市的消费者在我国农产品电商消费群体中占多数。大城市的区域广阔,农产品需要进行冷链物流运输的区域范围也相对更广阔,要在整个运输过程中降低农产品损耗的难度就加大了不少,要更好地解决这些问题就需要农产品电商从点到线合理布局,合理规划农产品运输的线路,在消费者集中的运输终端建设具备农产品冷藏设备的配送站点,在这个方面可以寻求与连锁超市的合作,或者通过合理的利润来吸引合作人的投资。

(1)根据农产品配送量的大小和流转方向将配送线路分为干线和支线,在产品配送干线设置能够提供冷藏技术支持的大型存储仓库,在支线的连锁超市或便利店设置产品配送点,与干线的存储仓库形成系统化的冷链运输。

(2)从缩短农产品配送时间、提高配送效率上降低农产品损耗，提高商品质量。

三、“高品质生鲜供应链”的四重控制

生鲜产品在质量上要求比较高，所以，必须解决生鲜产品的供应问题，完善产品供应链。

（一）完善制度，制定统一标准

中国农业源远流长，自给自足的小农经济让人们习惯于按照传统的思维去经营生产活动，但是按照这种方式生产出来的农产品并不能符合市场要求，农产品的标准化程度低就是其中一个很大的问题，这是农产品电子商务经营的一大障碍。为了解决农产品与市场要求不符的问题，必须着手设置统一的标准制度，从农产品的生产、分类、运输等各个环节实现制度化，提高农产品的商品化水平。

（1）在农产品的生产环节建立统一标准，可以借助农业院校、相关农业机构的科研力量就农产品在生产过程中的具体实施步骤制定标准，例如，在单位面积内播种的种子数量，使用的肥料种类、数量等。

（2）在农产品的分类上划定统一标准，根据农产品的重量、体积等划分农产品的等级，并根据这个标准来收购农产品。

（3）将制定的统一标准以文字等方式呈现出来，使标准执行者能够一目了然，在实际的操作过程中加强监管力度，确保标准的落实。

（二）掌握农产品生产基地

从事农产品经营的电商都希望自己能与农产品生产基地达成长期合作关系来保证产品的持续供应。生产基地对农产品电商而言至关重要。电商可以在农产品的标准化生产过程中发挥作用，此外，还可以在生产基地投资入股，提高自己的影响力。

（1）把目光放长远，对于有巨大潜力和发展前景的农产品

生产基地,电商可以收购到自己手中,全权控制,这样可以根据自己的要求去生产商品化的农产品。

(2)通过投资入股的方式合作经营生产基地,让农产品按照自己的要求进行统一的生产和管理。

(三)降低农产品损耗

农产品从生产到消费的过程中有大量的损耗,实际到达消费者手中的商品无法与其原始状态相比较。其损耗具体到各个环节的表现如下。

(1)农产品生产环节的损耗。收获农产品、生产者搬运和储藏农产品过程中的损耗。

(2)农产品运输环节的损耗。没有完善的技术支持而无法做好农产品保鲜所导致的损耗。

(3)农产品消费环节的损耗。顾客在选购商品时挑挑拣拣的过程中造成的损耗,以及在将其端上餐桌前所做的处理过程中会去除一部分,这些都是农产品的损耗。

各个环节降低农产品损耗的方法:

(1)生产环节。采用现代化机械代替人工收获农产品,把产品储存地建设在距离生产地近的地方。

(2)运输环节。提高运输效率,完善技术支持。

(3)消费环节。改善产品包装,为消费环节中顾客挑选农产品的便捷性考虑,避免频繁地翻拣。这个工作可以提前到生产环节中进行。

(四)加强团队教育

团队合作是农产品电商发展的重要方面,如果在整个团队中提高成员对农产品供应链的重视程度,并将这个观念在团队中扩散开来,就能让农产品经营过程中的损耗因为工作人员的时时注意而降低。

(1)加强对企业员工的培训教育,提高电商企业的供应服务意识。电商根据自身情况设计供应链重要性培训课程对企业员工进行培训,提高员工的服务质量以及服务意识。

(2)把农产品供应方面的好坏作为衡量员工工作是否到位的一部分,并建立相应的奖惩制度,如果产品供应及时、产品质量较好,则可得到奖励;若在经营中出现产品供应问题,就给予惩罚,这样才能将工作落实到个人,确保农产品供应链的畅通无忧。

第六章　互联网时代电子商务安全

第一节　互联网时代电子商务安全概述

互联网时代电子商务简单地说就是利用 Internet 进行的交易活动。电子商务的安全不仅是计算机网络及计算机安全，如防病毒、防黑客、入侵检测等，除此之外也包括交易的安全和支付的安全，因此电子商务安全的涵盖面比一般的计算机及网络安全要广泛得多，包括对商家、对客户、对所有实体的安全，并涉及国家法律、诚信体系等多个方面。

一、互联网时代电子商务面临的主要安全威胁

互联网时代电子商务建立在互联网之上，互联网的安全问题同样是电子商务所面临的安全问题。互联网本身就存在安全威胁，如网络篡改、拒绝服务攻击、木马和网络仿冒等。对于网上交易者来说，网络的不安全使交易安全失去基本保障。商务信息的存储依靠计算机数据库技术来实现，信息传输的主要途径是互联网。所以，电子商务的不安全因素也正是以计算机和网络通信等相关漏洞为主要目标，并成为不法分子入侵的主要途径。要实现网络的安全必须达到客户端安全、服务器安全、操作系统安全、数据库安全、中间件安全和网络通信安全等。另一方面，传统的交易是面对面的，很容易建立交易双方的信任关系和交易过程的安全性。而电子商务活动中的交易行为是通过网络进行的，买卖双方互不见面，缺乏传统交易中的信任感和安全

感。互联网时代电子商务中的网络安全和交易安全问题是实现电子商务安全的关键所在。

(一)计算机及网络系统安全威胁

1. 物理威胁

物理威胁包括设备受自然灾害破坏、设备被盗、设备功能失常、电源故障和由于电磁泄漏引起信息失密等。

2. 软件漏洞和"后门"

随着计算机系统越来越复杂,一个软件特别是大型软件,要想进行全面彻底的测试比较困难。虽然在设计与开发软件过程中可以进行某些测试,但总是会留下某些缺陷和漏洞,这些缺陷可能长时间无法发现,只有当被利用或某些条件得到满足时,才会显现出来。常用的一些大型软件,如 Windows 操作系统,不断被用户发现各种各样的安全漏洞。"后门"是在程序或系统设计时插入的一小段程序,用来测试这个模块或将来为程序员提供一些管理上的方便,一般不为外人所知,但一旦"后门"被打开,其造成的后果不堪设想。

3. 网络协议安全漏洞

网络服务一般是通过各种各样的协议完成的,因此网络协议的安全性是网络安全的一个重要方面。如果网络通信协议存在安全上的缺陷,那么攻击者就有可能不必攻破密码体制即可获得所需要的信息或服务。值得注意的是,网络协议的安全性是很难得到绝对保证的。目前协议安全性的保证通常有两种方法:一种是用形式化方法来证明一个协议是安全的;另一种是设计者用经验来分析协议的安全性。形式化证明的方法是人们所希望的,但一般的协议安全性也是不可判定的。所以,对复杂的通信协议的安全性,现在主要采用漏洞查找的分析方法。无疑,这种方法有很大的局限性。因此,网络协议漏洞是当今 Internet 面临的一个严重的安全问题。

4. 黑客攻击

黑客攻击手段可分为非破坏性攻击和破坏性攻击两类。非破坏性攻击一般是为了扰乱系统的运行,并不盗窃系统资料,通常采用拒绝服务攻击或信息炸弹;破坏性攻击是以侵入他人计算机系统、盗窃系统保密信息、破坏目标系统的数据为目的。

5. 计算机病毒

计算机病毒是能够破坏计算机系统正常运行,具有传染性的计算机程序。利用互联网,计算机病毒的传播速度大大加快,它侵入网络、破坏资源,成为电子商务安全主要的威胁之一。

(二)商务交易安全威胁

商务交易安全威胁是指传统商务在互联网络上应用时,假设计算机网络是安全的情况下电子商务中所存在的安全隐患问题。例如,传统商务过程存在欺骗问题,在网络上这种欺骗性以网络独有的形式呈现,如买方目前只能通过人为的评分、卖方上传的照片等数据来衡量一次交易的可信度。电子商务过程中,由于买卖双方是通过网络来联系的,甚至彼此远隔千山万水,因而建立交易双方的安全和信任关系相当困难。因此,电子商务交易双方都面临着安全威胁。

1. 卖方面临的安全威胁

(1)竞争者的威胁。恶意竞争者以他人的名义来订购商品,从而了解有关商品的递送状况和货物的库存情况。

(2)商业机密的安全。客户资料被竞争者窃取。

(3)假冒的威胁。不法者建立与销售者服务器名称及内容相同的另一个服务器来假冒销售者,通过虚假订单获取他人的机密数据等。

(4)信用的威胁。买方提交订单后不付款或恶意评价等。

2. 买方面临的安全威胁

(1)虚假订单。一个假冒者可能会使用客户的名字来订购商品,并有可能收到货物,而此时此刻真正的客户却被要求付款或返还商品。

(2)付款后不能收到商品。在要求客户付款后,销售商的内部人员不将订单和钱转发给执行部门,因而使客户收不到商品。

(3)机密性丧失。客户有可能将秘密的个人数据或自己的身份数据发送给冒充销售商的机构,这些信息也可能会在传递过程中被窃取。

(4)拒绝服务。攻击者可能向销售商的服务器发送大量的虚假订单来挤占它的资源,从而使合法用户得不到正常的服务。

实际上,在电子商务中计算机网络安全与商务交易安全是不可分开的,两者相辅相成,缺一不可。如果没有计算机网络安全作为基础,商务交易安全就如空中楼阁,没有基础。而没有商务交易安全的保障,即使计算机网络本身很安全,也无法满足电子商务特定的安全需求。总而言之,安全方面的问题如果得不到保障,那么任何电子商务活动的开展都将得不到保障。

二、互联网时代电子商务的安全要求

基于因特网的电子商务系统技术不仅可保证买方和卖方在因特网上进行的一切金融交易运作都是真实可靠的,并且使顾客、商家和企业等交易各方都具有绝对的信心,因而电子商务系统必须保证具有十分可靠的安全保密技术。

(1)保密性。指信息在存储、传输和处理过程中,不被他人窃取。

(2)完整性。指确保收到的信息就是对方发送的信息,信息在存储中不被篡改和破坏,保持与原始发送信息的一致性。

(3)信息的不可否认性。指信息的发送方不可否认已经发送的信息,接收方也不可否认已经接收到的信息。

(4)交易者身份的真实性。指交易双方的身份是真实的,不是假冒的。

(5)系统的可靠性。指计算机及网络系统的硬件和软件工作的可靠性。

第二节　互联网时代电子商务安全协议

一、SSL 协议

安全套接层(Secure Sockets Layer,SSL)协议,是为网络通信提供安全及数据完整性的一种安全协议。SSL 协议在传输层对网络连接进行加密,利用数据加密(Encryption)技术,确保了数据在网络传输过程中不会被截取及窃听。它已被广泛地用于 Web 浏览器与服务器之间的身份认证和加密数据传输。

SSL 协议位于 TCP/IP 模型的传输层和应用层之间。SSL 协议可分为两层:SSL 记录协议(SSL Record Protocol),它建立在可靠的传输协议(如 TCP)之上,为高层协议提供数据封装、压缩、加密等基本功能的支持;SSL 握手协议(SSL Handshake Protocol),它建立在 SSL 记录协议之上,用于在实际的数据传输开始前,通信双方进行身份认证、协商加密算法和交换加密密钥等。

SSL 协议提供的服务主要有:

(1)认证用户和服务器,确保数据发送到正确的客户机和服务器。

(2)加密数据以防止数据中途被窃取。

(3)维护数据的完整性,确保数据在传输过程中不被改变。

SSL 采用密码和数字证书实现数据通信的安全性。其基本原理是先用非对称加密传递对称加密所需要的密钥,然后双方用该密钥对称加密和解密往来的数据。对称密钥算法在速度上比非对称密钥算法快得多,非对称密钥算法可以实现更加方便的安全验证。SSL综合利用了这两种方法的优点,SSL用非对称密钥算法使服务器在客户端得到验证,并传递对称密钥,然后再利用对称密钥来实现快速加密和解密文件。

当具有SSL功能的浏览器与Web服务器通信时,其工作过程如下。

(1)浏览器向服务器发出请求,询问对方支持的对称加密算法和非对称加密算法,服务器回应自己支持的算法。

(2)浏览器选择双方都支持的加密算法,并请求服务器出示自己的数字证书,服务器回应自己的证书。

(3)浏览器随机产生一个用于本次会话的对称加密密钥,并使用服务器证书中附带的公钥对该钥进行加密后传递给服务器,服务器为本次会话保持该对称加密的密钥。第三方不知道服务器的私钥,即使截获了数据也无法解密。非对称加密让任何浏览器都可以与服务器进行加密会话。

(4)浏览器使用对称加密的钥匙对请求消息加密后传送给服务器,服务器使用该对称加密的密钥进行解密,服务器使用对称加密的密钥对响应消息加密后传送给浏览器,浏览器使用该对称加密的密钥进行解密。第三方不知道对称加密的密钥,即使截获了数据也无法解密。对称加密提高了加密速度。

SSL协议运行的基础是商家对消费者信息保密的承诺,这就有利于商家而不利于消费者。在电子商务初级阶段,由于运作电子商务的企业大多是信誉较高的大公司,因此这个问题还没有充分暴露出来。但随着电子商务的发展,各中小型公司也参与进来,这样在电子支付过程中的单一认证问题就越来越突出。虽然在SSL3.0中通过数字签名和数字证书可实现浏览器和Web服务器双方的身份验证,但是SSL协议仍存在一些问题,比如,只能提供交易中客户与服务器间的双方认证,在涉及多方的电子交易中,SSL协议并不能协调各方间的安全传输和信任关系。在这种情况下,Visa和MasterCard两大信用卡公司组织制定了SET协议,为网上信用卡支付提供了全球性的标准。

二、SET 协议

为了实现更加完善的即时电子支付,安全电子交易(Secure Electronic Transaction,SET)协议应运而生。SET 协议是由 Visa 和 MasterCard 联合 Netscape、Microsoft 等公司,于 1997 年 6 月 1 日推出的一种新的电子支付模型。SET 协议是应用层的协议,采用公钥密码体制和 X. 509 数字证书标准,主要是为解决用户、商家和银行之间通过信用卡的交易而设计,SET 提供了消费者、商家和银行之间的认证,它具有保证交易数据的安全性、完整可靠性和交易的不可抵赖性等优点,成为目前公认的信用卡网上交易的国际标准。

(一)SET 协议的目标

SET 协议是一个基于可信的第三方认证中心的方案,其主要的实现目标是:

(1)防止数据被非法用户窃取,保证信息在互联网上安全传输。

(2)SET 中使用了一种双签名技术保证电子商务参与者信息的相互隔离。客户的资料加密后通过商家到达银行,但是商家不能看到客户的账户和密码信息。

(3)解决多方认证问题。不仅对客户的信用卡认证,而且要对在线商家认证,实现客户、商家和银行间的相互认证。

(4)保证网上交易的实时性,使所有的支付过程都是在线的。

(5)提供一个开放式的标准、规范协议和消息格式。

(二)SET 交易的参与者

1. 持卡人

SET 交易是在开放的 Internet 中进行,交易双方使用信用卡结算,所以在 SET 协议中将购物者称为持卡人。持卡人要参加 SET 交易,首先必须要拥有一台计算机并且能够上网;其次,到发卡银行去申请并取得一套 SET 交易专用的持卡人软件(即电子钱包),并安装在自己的计算机上;最后,向数字证书认证中心申请一张数字证书。

2. 商家

商家要参与 SET 交易,首先要开设网上商店,在网上提供商品或服务;其次网上商店必须集成 SET 交易商户软件,顾客在网上购物时,由网上商店提供服务,购物结束进行支付时,由 SET 交易商户软件进行服务;然后到接收网上支付业务的收单银行申请并且在该银行设立账户;最后同持卡人一样,上网申请一张数字证书。

3. 发卡银行

发卡银行是负责为持卡人建立账户并发放支付卡的金融机构。发卡银行在分理行和当地法规的基础上保证信用卡支付的安全性。

4. 收单银行

收单银行是商家建立账户并处理支付卡认证和支付的金融机构。

5. 支付网关

SET 交易中买卖双方进行交易,必须通过银行进行支付,但由于 SET 交易是在开放的 Internet 上进行,而银行的计算机主机及银行专用网络是不能直接与 Internet 相连的,为了能接收从 Internet 上传来的支付信息,在银行与 Internet 之间必须有一个专用系统,负责接收处理从商家传来的扣款信息,并通过专线传送给银行,银行对支付信息的处理结果再通过这个专用系统反馈给商家。这个专用系统就称为支付网关。

6. 数字证书认证中心(Certificate Authority,CA)

为了保证SET交易的安全,SET协议规定参加交易的各方都必须持有数字证书,在交易过程中,每次交换信息都必须向对方出示自己的数字证书,而且都必须验证对方的数字证书。CA的主要工作是负责SET交易数字证书的发放、更新、废除和建立证书黑名单等各种证书管理。参与SET交易的各方(包括持卡人、商家和支付网关)在参加交易前必须到CA处申请数字证书,在证书到期时还必须去CA处更换一张新的证书。同时,CA还要随时将已废除的证书列入黑名单,作为交易时验证对方证书的依据。

(三)SET协议的安全技术

SET协议通过加密算法以及有关的安全机制来保证电子商务交易所需的各种安全功能。

1. 加密技术

加密方法可分为对称加密体制和公钥加密体制。对称加密体制使用相同的密钥进行加密和解密,最著名的算法是DES。公钥加密体制又称非对称密码体制,它使用两个密钥,即公有密钥和私有密钥,公钥和私钥之间存在严格的对应性,使用其中一个加密只能用另一个来解密,最著名的算法是RSA。SET协议中,发送方将消息用DES加密,并将DES对称密钥用接收方的公钥加密,形成消息数字信封,将数字信封与DES加密后的消息一起发送给接收方。接收方收到消息后,先用其私钥打开数字信息,得到发送方的DES对称密钥,再用这些对称密钥去解开数据。由于只有用接收方的RSA密钥才能够打开此数字信封,这样保证了数据的机密性。

2. 数字签名

在SET协议中,数字签名采用RSA算法,数据发送方采用自己的私钥加密数据,接收方用发送方的公钥解密。由于公钥和私钥的对应性,保证了发送方不能抵赖发送过的数据,完全模拟了现实生活中的签名。

3. 双重签名

在安全电子交易过程中,持卡人、商家和银行三者之间,持卡人的订单信息和付款指示是互相对应的,商家只有在确认了持卡人的订单信息对应的付款指示是真实有效的情况下,才可以按订单信息发货;同样,银行只有在确认了持卡人的付款指示对应的订单信息是真实有效的情况下,才可以按商家要求进行支付授权。因此,订单信息和付款指示必须捆绑在一起发送给商家和银行。

为了预防商家在验证持卡人付款指示时盗用持卡人的信用卡账号等信息,以及银行在验证持卡人订单信息时跟踪持卡人的交易活动(侵犯持卡人的隐私),在SET协议中采用了双重签名技术,它是SET协议推出的数字签名的新应用。持卡人不想让银行看到订单信息,也不想让商家看到付款指示信息。但是,购买请求报文中的购买订单信息和付款指示信息又不能分开。一个双重签名是通过计算两个消息的摘要产生的,并将两个摘要连接在一起,用持卡人的私有密钥对消息摘要加密。

4. 消息摘要

消息摘要是一个唯一对应一个消息的值,由一个单向散列函数对消息作用而产生,消息变化,该值也发生变化。用发送者的私钥加密摘要附在原文后面,一般称为消息的"数字签名"。如果消息在传输过程中被篡改,接收者通过对收到消息的新产生的摘要与原摘要比较,就可知道消息是否被改变了。因此消息摘要保证了消息的完整性。

(四)SET工作原理说明

SET协议工作原理如图6-1所示,具体工作流程如下:

(1)持卡人通过浏览器选择在线商店里自己需要的商品,

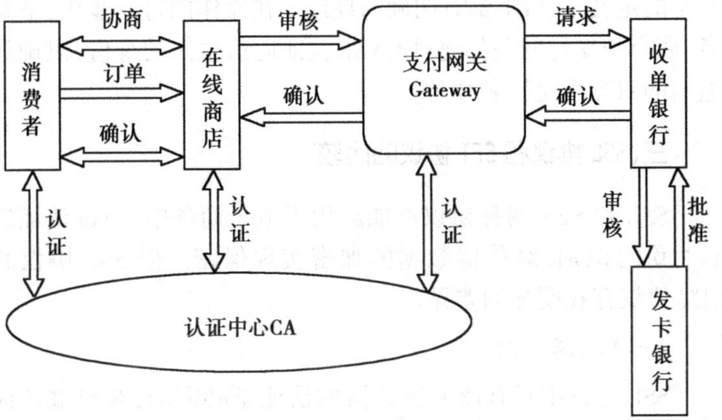

图 6-1　SET 协议工作原理

放入购物车。

(2)持卡人填写订单信息,并选择支付方式。

(3)持卡人将订单信息和支付信息发送给商家,这里订单信息和支付指令由消费者进行数字签名,同时利用双重签名技术保证商家看不到消费者的账号信息及银行看不到消费者的订单信息。

(4)商家接收订单信息后,与支付网关进行通信,请求授权认证。

(5)支付网关通过收单银行向持卡人的发卡银行请求进行支付确认。

(6)发卡银行同意支付,将确认信息通过支付网关返回给商家。

(7)商家发送订单确认信息给持卡人,持卡人端软件可记录交易日志,以供将来查询。

(8)商家发送货物或提供服务。

(9)商家向持卡人的发卡银行请求支付,即实现支付获取和完成清算。在处理过程中,通信协议、请求信息的格式和数据类型的定义等，SET 都有明确的规定。在操作的每一步中，消费者、商家和支付网关都通过 CA 来验证通信主体的身份，以确保通信的双方不是冒名顶替。

三、SSL 协议和 SET 协议的比较

SSL 和 SET 两种协议都能应用于电子商务中，通过认证进行身份的识别，对传输数据的加密实现保密。但 SSL 协议和 SET 协议存在明显的差异。

（一）认证要求

SSL 协议中只有商家服务器的认证是必需的，客户端认证是可选的。SET 协议的认证要求较高，所有参与 SET 交易的成员都必须申请数字证书，并解决了客户与银行、客户与商家、商家与银行之间的多方认证问题。

（二）网络协议层的位置和功能

SSL 协议位于传输层与应用层之间，可以很好地封装应用层数据，不能改变位于应用层的程序，对用户是透明的。SET 协议位于应用层，认证体系十分完善，能实现多方认证。

（三）部署与应用

SSL 协议已被浏览器和 Web 服务器内置，无须安装专门软件，使其在电子商务各种模式及其他领域中应用广泛。而 SET 协议中客户端需要安装专门的电子钱包软件，在商家和银行的服务器上也需要安装相应的软件，而且要求各方发放证书，从而使 SET 协议部署成本相对较高，在实际应用中具有一定的局限性。

（四）安全

SSL 协议虽然采用了公钥加密和消息摘要等技术，可以提供机密性、完整性和一定程度的身份验证功能，但缺乏一套完整的认证体系，不能提供完备的电子商务交易防抵赖功能。SET

协议由于采用了非对称加密、消息摘要和数字签名等技术，可以确保信息的机密性、认证性、完整性和不可否认性，特别是SET协议采用了双重签名技术保证了各参与方信息相互隔离，使商家只能看到持卡人的订单信息，而银行只能取得持卡人的信用卡信息。总而言之，SET协议的安全性远比SSL协议高。

（五）购物过程风险责任归属

SSL协议虽然使用方便，但风险大，黑客易侵入，风险由消费者及商家承担。SET协议虽然交易过程复杂，处理效率低，但身份确认、交易安全、资料完整和交易抗否认等安全性能高，风险责任归属相关认证组织。

第三节　互联网时代电子商务安全技术

一、防火墙技术

防火墙是一种形象的说法，其实它是一种由软件和计算机硬件设备组合而成的一个或一组系统，用于增强内部网络和外部网络之间、专用网与公共网之间的访问控制。防火墙系统决定了哪些内部服务可以被外界访问，外界的哪些人可以访问内部的哪些可访问的服务，内部人员可以访问哪些外部服务等。设立防火墙后，所有来自和去向外界的信息都必须经过防火墙，接受防火墙的检查。因此，防火墙是网络之间一种特殊的访问控制，是一种保护屏障，从而保护内部网免受非法用户的侵入。防火墙在网络中的位置如图6-2所示。

防火墙的主要技术包括分组过滤技术、代理服务器技术和状态检测技术。

（1）分组过滤技术是最早的防火墙技术，它根据数据分组头的信息来确定是否允许该分组通过，为此要求用户制定过滤规则。这种技术基于网络层和传输层，是一种简单的安全性措

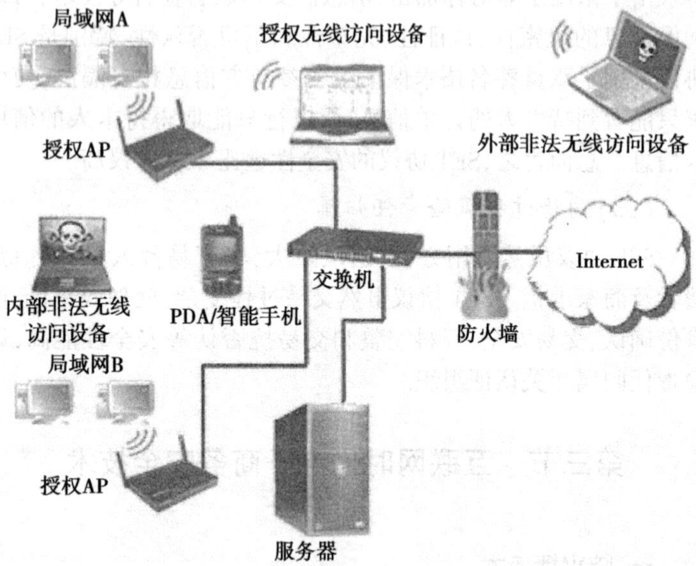

图 6－2　防火墙在网络中示意图

施，但不能过滤应用层的攻击行为。目前的防火墙主要是根据分组的 IP 源地址、IP 目标地址、源端口号、目标端口号以及协议类型进行过滤。

(2)代理服务器技术是应用层的技术，它用代理服务器来代替内部网用户接收外部的数据，取出应用层的信息并经过检查后，再建立一条新的会话连接将数据转交给内部网用户主机。由于内部主机与外部主机不进行直接的通信连接，而是通过防火墙的应用层进行转交，所以可以较好地保证安全性。但是它要求应用层数据中不包含加密、压缩的数据，否则应用层的代理就很难实现安全检测。

(3)状态检测技术是基于会话层的技术，它对外部的连接和通信行为进行状态检测，阻止可能具有攻击性的行为，从而抵御网络攻击。新型防火墙产品中还增加了计算机病毒检测和防护技术、垃圾邮件过滤技术、Web 过滤技术等。随着网络上攻击行为的变化,用户对防火墙也不断提出新的要求。

二、虚拟专网技术

虚拟专用网(Virtual Private Network,VPN)技术(图6-3)是一种在公用互联网络上构造企业专用网络的技术。通过 VPN 技术,可以实现企业不同网络的组件和资源之间的相互连接,它能够利用 Internet 或其他公共互联网络的基础设施为用户创建隧道,并提供与专用网络一样的安全和功能保障。虚拟专用网络允许远程通信方、销售人员或企业分支机构使用 Internet 等公共互联网络的路由基础设计,以安全的方式与位于企业内部网内的服务器建立连接。VPN 对用户端透明,用户好像使用一条专用路线在客户计算机和企业服务器之间建立点对点连接,进行数据的传输。

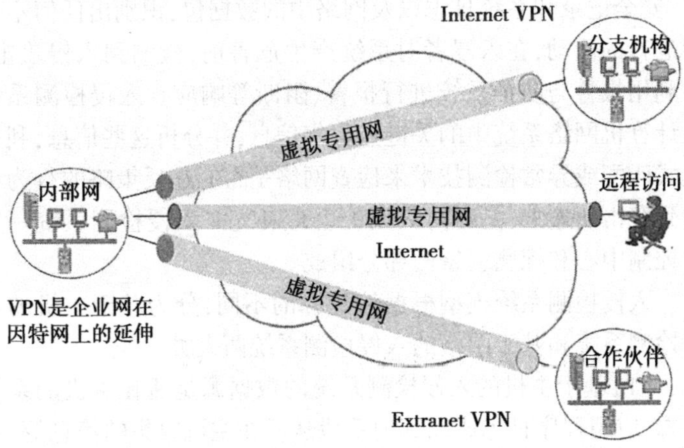

图6-3　虚拟专用网技术原理

三、反病毒技术

早在1949年,计算机的先驱者冯·诺依曼在他的论文《复杂自动机组织论》中提出,计算机程序能够在内存中自我复制,即把病毒程序的特征勾勒出来,但在当时,绝大部分的计算机专家都无法想象这种会自我繁殖的程序。计算机病毒是指编制或者在计算机正常程序中插入的破坏计算机功能或者毁坏数据以影响计算机使用,并能自我复制的一组计算机指令或者程序代码。计算机病毒的防治要从防毒、查毒、解毒3个方面进行。

四、入侵检测技术

防火墙是一种隔离控制技术,一旦入侵者侵入了系统,它们便不受任何阻挡。它不能主动检测和分析网络内外的危险行为,捕捉侵入罪证。而入侵检测系统能够监视和跟踪系统、事件、安全记录和系统日志以及网络中的数据包,识别出任何不希望进行的活动,在入侵者对系统产生危害前,检测到入侵攻击,并利用报警与防护系统进行报警、阻断等响应。入侵检测系统从计算机网络系统中的关键点收集信息,并分析这些信息,利用模式匹配或异常检测技术来检查网络是否有违反策略的行为和遭到袭击的迹象,是对防火墙的合理补充。入侵检测系统一般由控制中心和探测引擎两部分组成。

入侵检测系统模型根据信息源的不同,分为基于主机的入侵检测系统和基于网络的入侵检测系统两大类。

(1)基于主机的入侵检测系统的数据源是所在主机的系统日志、应用程序日志或以其他手段从所在主机收集的信息等,主机型入侵检测系统保护的一般是所在的主机系统。

(2)基于网络的入侵检测系统的数据源是网络上的数据包。通过监听网络中的分组数据包来获得分析攻击的数据源。它通常使用报文的模式匹配或模式匹配序列来定义规则,检测时将监听到的报文与规则相比较,根据比较的结果来判断是否有非正常的网络行为。一般网络型入侵检测系统担负着保护整个网段的任务。

入侵检测技术可分为特征检测和异常检测。

(1)特征检测。这一检测假设入侵者活动可以用一种模式来表示,系统的目标是检测主体活动是否符合这些模式。它可以将已有的入侵方法检查出来,但对新的入侵方法无能为力。其难点在于如何设计既能够表达“入侵”现象又不会将正常的活动包含进来的模式。

(2)异常检测。假设入侵者活动异于正常主体的活动,根据这一理念建立主体正常活动的“活动简档”,将当前主体的活动状况与“活动简档”相比较,当违反其统计规律时,认为该活动可能是“入侵”行为。异常检测的难题在于如何建立“活动简档”以及如何设计统计算法,从而不把正常的操作作为“入侵”或忽略真正的“入侵”行为。

五、加密技术

在密码学中,原始消息称为明文,加密结果称为密文。数据加密和解密是逆过程,加密是用加密算法和加密密钥,将明文变换成密文;解密是用解密算法和解密密钥将密文还原成明文。加密技术包括两个要素:算法和密钥。数据加密是保护数据传输安全唯一实用的方法和保证存储数据安全有效的方法。早在公元前50年,古罗马的恺撒在高卢战争中就采用过加密方法。这里用最简单的恺撒密码来说明一个加密系统的构成。它的原理是把每个英文字母向前推x位,如x=3,即字母a、b、c、d……x、y、z分别变为d、e、f、g……a、b、c。例如要发送的明文为Caesarwasagreatsolider,则对应的密文为Fdhvduzdvdjuhdwvroglhu。这个简单的例子说明了加密技术的构成:明文被character+3算法转换成密文,解密的算法是反函数character-3,其中算法为

character + x，x 是起密钥作用的变量，此处 x 是 3。

对称密钥也称私钥、单钥或专有密钥。在这种技术中，加密方和解密方使用同一种加密算法和同一个密钥，图 6－4 所示为对称密钥加密过程。对称密钥加密技术特点是数据加密标准，速度较快，适用于加密大量数据的场合。

对称加密的算法是公开的，在前面的例子中，可以把算法 character + x 告诉所有要交换信息的对方，但要对每个消息使用不同的密钥，某一天这个密钥可能是 3，而第二天则可能是 9。交换信息的双方采用相同的算法和同一个密钥，这将简化加密解密的处理。加密解密速度快是对称加密技术的最大优势，但双方要交换密钥，密钥管理困难是一个很大的问题，因此密钥必须与加密的消息分开保存，并秘密发送给接收者。如果能够确保密钥在交换阶段未曾泄露，那么机密性和报文完整性就可以通过对称加密方法来实现。

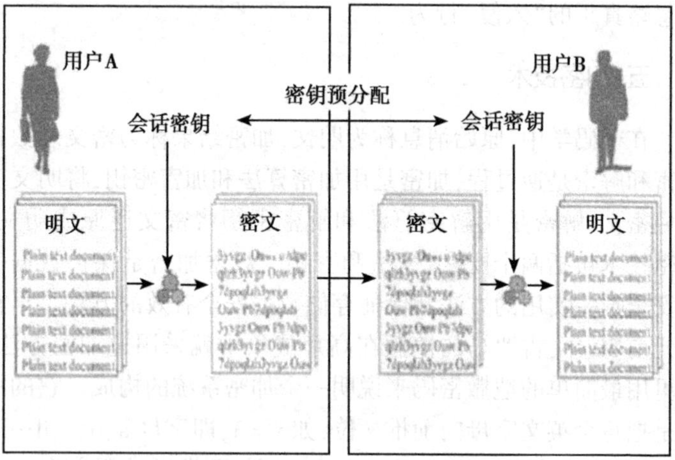

图 6－4　对称密钥加密过程

目前，最具代表性的对称密钥加密算法是 DES。DES 算法是 IBM 公司研制的，被美国国家标准局和国家安全局选为数据加密标准并于1977年颁布使用,后被国际标准化组织认定为数据加密的国际标准。DES算法使用的密钥长度为64位。

非对称密钥加密技术也称为公开密钥加密技术,是由安全问题专家Witefield Diffre和Martin Heilman于1976年首次提出的。这种技术需要使用一对密钥来分别完成加密和解密操作,每个用户都有一对密钥,即一个私钥(Private Key)和一个公钥(Public Key),它们在数学上相关、在功能上不同。私钥由所有者秘密持有,而公钥则由所有者给出或者张贴在可以自由获取的公钥服务器上,就像用户的姓名、电话、E-mail地址一样向他人公开。如果其他用户希望与该用户通信,就可以使用该用户公开的密钥进行加密,而只有该用户才能用自己的私钥解开此密文。当然,用户的私钥不能透露给自己不信任的任何人。

非对称密钥加密技术的过程如图6-5所示,用户生成一对密钥并将其中的一个作为公钥向其他用户公开,发送方使用该用户的公钥对信息进行加密后发送给接收方,接收方利用自己

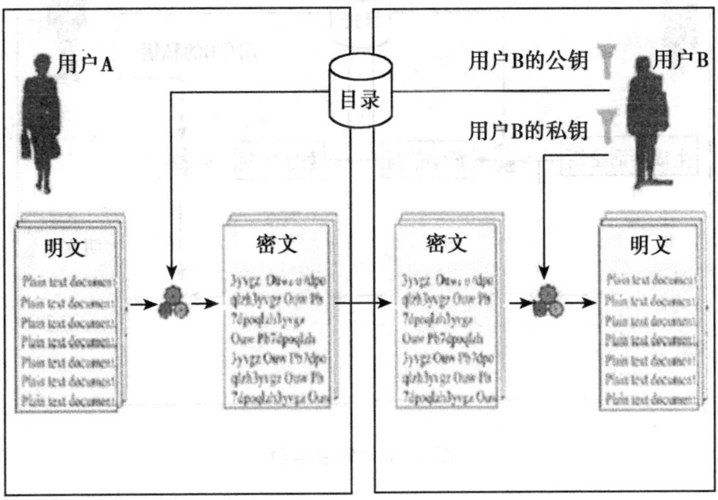

图6-5　非对称密钥加密技术的过程

保存的私钥对加密信息进行解密,接收方只能用自己的私钥解密由其公钥加密后的信息。

目前,最著名的公钥加密算法是RSA,其加密强度很高,安全性是基于分解大整数的难度,即将两个大的质数合成一个大数很容易,而相反的过程非常困难。公开密钥算法计算上的复杂性,使得它的加密或解密效率大大低于对称密钥算法,所以公钥加密技术不用来加密大的文件,而是联合使用对称密钥加密技术和公开密钥加密技术进行更有效更快捷的加密。例如,用户A生成一个一次性的对称密钥并用它对文件加密,然后使用用户B的公钥对一次性的对称密钥加密,将经过加密的对称密钥和文件发送给用户B。用户B利用自己的私钥解密对称密钥,然后用对称密钥解密文件,这种方式也称为数字信封,如图6-6所示。

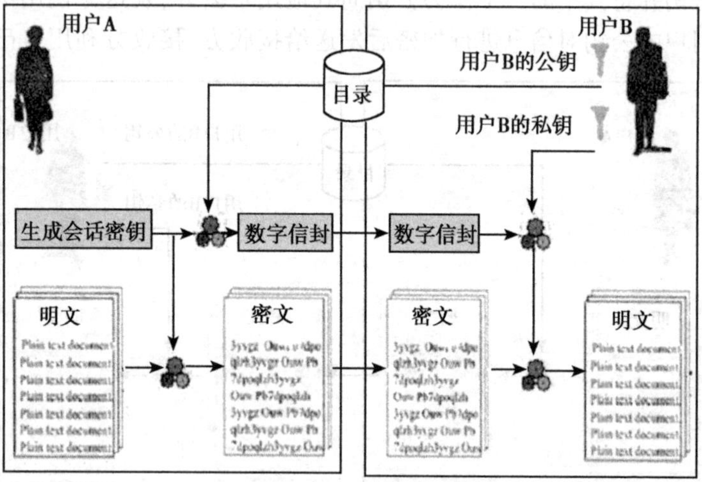

图6-6 数字信封

六、认证技术

认证(Authentication)又称鉴别,是验证通信对象是原定者而不是冒名顶替者,或者确认消息是希望的而不是伪造的或被篡改过的。数据加密能够解决网络通信中的信息保密问题,但是不能够验证网络通信对方身份的真实性。因此,数据加密仅解决了一半的网络安全问题,另一半需要安全认证技术解决。

(一)消息认证

消息认证是用来验证接收的消息是否是它所声称的实体发来的,消息是否被篡改、插入和删除过,同时还可用来验证消息的顺序性和时间性。没有消息认证的通信系统是极为危险的,如图 6-7 所示,消息认证用于抗击主动攻击。

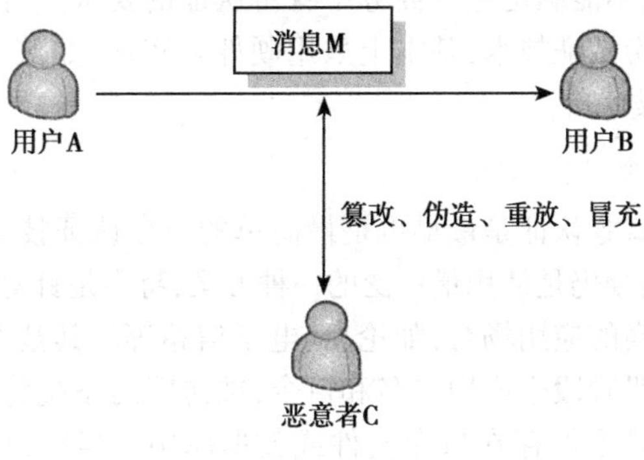

图 6-7　消息认证

(二)身份认证

身份认证是声称者向验证者出示自己的身份的证明过程,证实客户的真实身份与其所声称的身份是否相符。身份认证又称身份鉴别、实体认证和身份识别。在电子商务活动中,身份认证是保证双方交易得以安全可靠实施的前提。

目前有很多身份认证的方法,从认证需要使用的条件来看,可以分为单因子认证和双因子认证。单因子认证仅使用一种条件来判断用户的身份,双因子认证通过组合两种不同条件来证明一个人的身份。按是否使用硬件可以分为软件认证和硬件认证;按是否采用密钥机制可以分为非密钥机制的认证和基于密钥机制的认证;按认证信息可以分为静态认证和动态认证。身份认证技术的发展,经历了从软件认证到硬件认证,从单因子认证到双因子认证,从静态认证到动态认证的过程。

身份认证一般基于客户拥有什么,如令牌、智能卡或者 ID 卡,客户知道什么,如静态密码,客户有什么特征,如指纹、虹膜和脑电波等。常见身份认证技术包括:口令认证、IC 卡认证、USB Key 认证和生物特征认证等。随着网络和黑客技术的发展,静态口令认证已经被证明是不安全的,静态的密码方案不能抵御截取/重放攻击、字典攻击,且密码容易忘记,所以其安全性是很低的,不能满足电子商务中身份认证的要求。目前一些较成熟的身份认证技术,基本上采用硬件来实现,如 IC 卡和 USB Key 认证技术等。

1. 静态口令认证

静态口令认证是最早也是最简单的口令认证技术,因其实现简单,至今仍是使用最广泛的一种方案,特别是针对那些安全性要求不高的应用场合,如论坛、电子信箱等。其基本原理是:用户在注册阶段生成用户名和口令,被访问的系统将所有合法用户名和口令保存在口令文件或数据库中。当用户登录系统时,将自己的用户名和口令上传给服务器,服务器从口令文件或数据库中取出相应的用户名和口令与登录者提供的用户名和口令相比较,两者匹配则认定用户是合法的。目前公司和个人受到网络攻击的主要原因是静态密码管理不善。大多数用户使用的密码很多是字典中可查到的普通单词、姓名或者其他简单的密码,据统计有 86% 的用户在所有网站上使用的都是同一个密码或者有限的几个密码。例如,2011 年 12 月,CSDN 的安全系统遭到黑客攻击,600 万用户的登录名、密码及邮箱遭到泄露。

黑客在获取了 CSDN 的用户登录名和密码后，然后尝试登录注册邮箱，再利用密码取回功能得到了该用户的其他关联网站的账号和密码。

2. 动态口令认证

动态口令（Dynamic Password）也称一次性口令（One-time Password）。动态口令是变动的口令，其变动来源于产生口令的运算因子是变化的。动态口令的产生因子采用双运算因子，一是用户的私有密钥，代表用户身份的识别码，是固定不变的；二是变动因子，通过变动因子的变化产生变动的动态口令。其工作原理是：在用户登录过程中，基于用户口令加入不确定因子，对用户口令和不确定的因子进行单向散列函数变换，所得的结果作为认证数据提交给认证服务器。认证服务器接收到用户数据后，把用户的认证数据和自己用同样的散列算法计算的数值进行比较，从而实现用户身份的认证。

3. IC 卡认证

通常，IC 代表集成电路（Integrated Circuit），因此，IC 卡可称为集成电路卡。IC 卡也可以是智能卡的缩写（Intelligent Card），按 ISO 7816 定义，IC 卡是在特定的材料制成的塑料卡片中嵌入微处理器和存储器等 IC 芯片的数据卡。IC 卡存储用户个人的秘密信息，在验证服务器中也存放该秘密信息。进行认证时，经过 IC 卡个人身份鉴别，例如通过输入个人识别号（Personal Identification Number，PIN），IC 卡认证 PIN 成功后，即可读出 IC 卡中的秘密信息，进而利用该秘密信息与认证服务器之间进行认证。

4. USB Key 认证

USB Key 是一种 USB 接口的硬件设备。它内置单片机或智能卡芯片，有一定的存储空间，可以存储用户的代表用户唯一身份的数字证书以及私钥，利用 USB Key 内置的公钥算法实现对用户身份的认证。用户私钥保存在密码锁中,理论上使用任何方式都无法读取。目前国内几大商业银行,如工商银行、农业银行和交通银行等都采用了USB Key方案。网络黑客即使知道了客户的登录密码和支付密码,但如果没有USB Key,黑客还是不能够从你的账户转出资金,故这种身份认证方式可以很好地避免账号、密码被盗等可能出现的风险。USB Key方案的优点是安全性很强。目前,中国工商银行的USB Key产品为"U盾",为防范网上支付风险,推动电子商务产业发展,中国工商银行与阿里巴巴旗下支付宝开展合作,共同推出了数字证书共享项目。客户将工行U盾与支付宝账号绑定后,必须插入工行U盾登录支付宝方可进行支付货款、提现和充值等操作。客户不使用工行U盾登录支付宝,只能进行查询类操作。因此,支付宝客户只需绑定工行U盾,即便不小心泄露了账号、密码,只要工行U盾在手,依然可以保证账户资金安全。

5. 生物特征认证

生物特征认证是指通过自动化技术利用人体的生理特征和行为特征进行身份鉴定。目前,利用生理特征进行生物认证的主要方法有指纹识别、虹膜识别、手掌识别、视网膜识别和脸相识别等。利用行为特征进行认证的主要方法有:声音识别、笔迹识别和击键识别等。另外还有许多新兴的技术,如耳朵识别、人体气味识别等。随着现代生物技术的发展,尤其是人类基因组研究的重大突破,研究人员认为DNA识别技术将是未来生物认证的主流。生物认证的核心在于如何获取这些生物特征并转换为数字信息和存储在计算机中,以及利用可靠的匹配算法来完成验证与识别个人身份。由于人体生物特征具有人体所固有的不可复制的唯一性,使得生物认证方法可以不依赖于各种人造的和附加的物品来证明自己的身份,而用来证明自身的恰恰是人本身,这些生物密钥不会丢失、不会遗忘,很难伪造和假冒,因此采用生物认证具有更强的安全性与方便性。

七、数字签名

书信或者文件是根据亲笔签名或盖章来证明其真实性，在计算机网络中传送的文件以及电子邮件通过数字签名来模拟现实中的签名效果。数字签名并非是书面签名的数字图像化而是通过加密算法生成一系列符号及代码组成电子密码进行签名。用户采用自己的私钥对信息加以处理，由于密钥仅为本人所有，这样就产生了别人无法生成的文件，也就形成了数字签名，以保证信息传输过程中信息的完整性、真实性和不可抵赖性。使用数字签名和传统签名的目的是一致的，即：

(1)保证信息是由签名者自己签名发送的，签名者不能否认或难以否认。

(2)接收方可以验证信息自签发后到收到为止未曾做过任何修改，签发的文件是真实文件。

实现数字签名的方法很多，目前的数字签名技术主要采用公开密钥加密技术，如 RSA 签名、DSS (Digital Signature Standard)签名和 Hash 签名等。它是公开密钥加密技术的一种应用。密钥由公钥和私钥组成密钥对，用私钥加密，用公钥解密。从公钥无法推算出私钥，因此公开的密钥并不会损害私钥的安全。公钥无须保密，而私钥必须保密，丢失时需要报告鉴定中心。公开密钥加密的过程如下。

(1)接收方公开发布公钥。

(2)发送方用接收方的公钥加密明文得到密文并传送给接收方。

(3)接收方用不公开的私钥对该密文解密。

运用这种公钥加密方法加密传输数据，即使第三者得到接收方的公钥，也无法对截获的密文进行解密，因为没有接收方的私钥。由于无法知道接收方的私钥，即使发送方也无法解密，这就解决了保密的问题。另外，由于每个人都知道接收方的公钥，他们都可以给接收方发信,那么接收方就无法确认是否来自发送方,这种情况就要通过验证手段来证明该文件是否由发送方发送。

最简单的数字签名就是发送方将整个消息用自己的私钥加密,接收方用发送方的公钥解密,解密成功后就可验证确实是发送方的签名。但这种方法的缺点是被签名的文件或消息可能过长,而加密运算速度慢,将整个消息都用私钥加密,会消耗很多时间而不可行。在实际运行中,一般是先对消息用散列函数求消息摘要(散列值),然后发送方用私钥加密该散列值,这个被发送方私钥加密的散列值就是数字签名,将其附在文件后,一起发送给接收方,可以让其验证签名。接收方先用签名者的公钥解密数字签名,然后将提取到的散列值与自己计算该文件的散列值比较,如果相同就表明该签名是有效的。整个过程如图 6 – 8 所示。

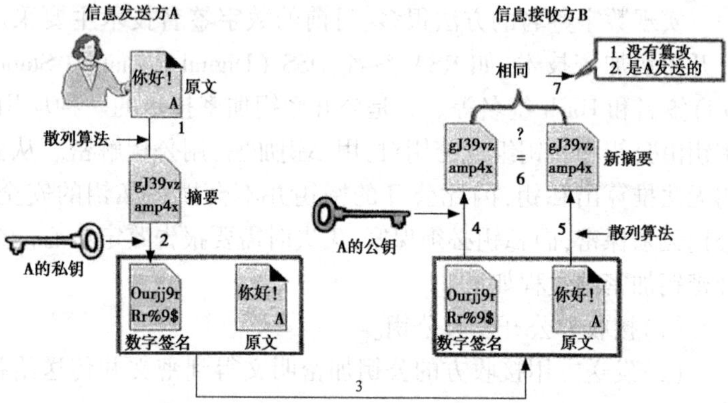

图 6 – 8 数字签名

这样攻击者虽然能截取消息,但不能修改内容,因为别的消息的散列值和该消息的散列值是不同的,接收方能通过验证签名鉴别。

在图 6 – 8 所示的数字签名方案中,消息以明文形式传输,无法实现消息的保密性。如果对消息有保密性要求,可结合采用数字信封。数字信封用加密技术来保证只有规定的特定收信人才能阅读信的内容,它结合了对称加密体制和非对称加密体制各自的特点。在数字信封中,信息发送方采用对称密钥来加密信息,然后将此对称密钥用接收方的公开密钥来加密(这部分称为数字信封)之后,将它与信息一起发送给接收方,接收方先用相应的私有密钥打开数字信封,得到对称密钥,然后使用对称密钥解开信息。将数字签名技术和数字信封技术结合在一起,实现了带有保密性要求的数字签名。

根据电子商务的应用需要,数字签名的应用方式也随之变化,如数字时间戳、盲签名等。

(一)数字时间戳

交易文件中,时间是十分重要的信息。在书面合同中,文件签署的日期和签名一样重要,是防止文件被伪造和篡改的关键。数字时间戳是指在电子交易中,对交易文件的日期和时间信息采取的安全措施。数字时间戳服务(Digital Time - Stamp Service,DTS)是为提供电子文件发表时间的安全保护。数字时间戳服务是网上安全服务项目,由可信任的第三方——时间戳权威(Time - Stamp Authority,TSA)提供。时间戳是一个经加密后形成的凭证文档,它包括3个部分:需加时间戳的文本的摘要(Digest)、数字时间戳服务收到文件的日期和时间及数字时间戳服务的数字签名。数字时间戳产生的过程为:用户首先将需要加时间戳的文件用Hash算法运算形成摘要,然后将该摘要发送到TSA。TSA在加入了收到文件摘要的日期和事件信息后再对该文件加密(数字签名),然后送达用户,如图6-9所示。

(二)盲签名

1982年D. Chaum首先提出了盲签名的概念。盲签名是一种特殊类型的数字签名,它是一个双方协议。盲签名与一般数

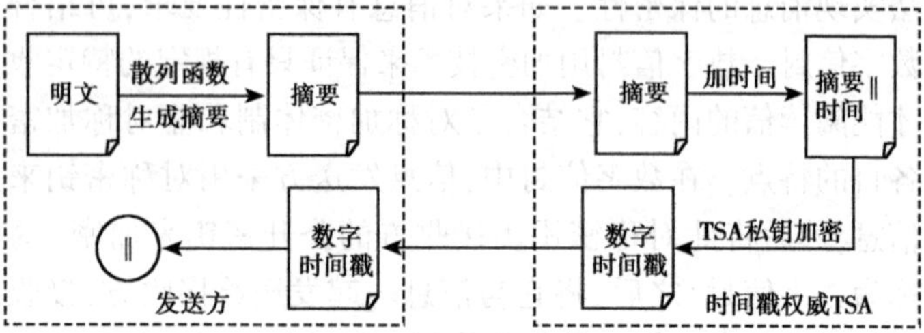

图6－9　数字时间戳

字签名不同之处在于,签名者并不知道他所要签发文件的具体内容。D. Chaum曾给出了关于盲签名更直观的说明:所谓盲签名,就是签名前先把文件放入一个带有复写纸的信封(盲化),签名人直接在信封上签名,透过复写纸写到文件上。在这个过程中信封没有打开,所以无法了解文件的真实内容。事后文件持有者打开信封(脱盲),得到签名者关于原消息的签名。

下面举个实际中的例子说明盲签名的使用。在网上购买商品或服务已经是目前流行的消费手段,消费者要向供应商(由银行)付款,他们发出包含有他的银行账号或者花费金额等方面的信息,由银行做出(电子)签名才能生效,但付款金额之类的信息又不希望泄露给签名者,以保证自己的隐私和使用安全。盲签名方案的工作原理是这样的:消费者有消费信息m需要银行签署,但不需要让银行知道消息m的内容。消费者用他的安全通信软件生成一个盲因子,将消息m盲化为发给银行系统,这样,银行收到的是被盲因子所"遮蔽"的值m′,并且它不可能从m′中获取有关m的信息。接着,银行系统生成针对m′的签名σ′并把它发给消费者,消费者接收到σ′之后,通过某种合适的运算去除盲因子而获得真正的针对消息m的签名σ。

可见,运用盲签名方案,消费者无法代替或冒充银行的签名,而银行则不知道他自己所签署的消息的真实内容。

盲签名技术自从首次提出后,除了应用于电子支付,在电子选举和电子拍卖等领域也有重要的应用。

八、数字证书与 PKI 技术

(一)数字证书

数字证书(又称为公钥证书、公钥数字证书)简称证书,是一个经证书认证机构数字签名的包含用户身份信息以及公开密钥信息的电子文件。其常用的证书文件扩展名为.cer。通俗地讲,数字证书就是个人或单位在互联网上的身份证。数字证书用来证明一些关键信息,主要证明用户与用户持有的公钥之间的关联性。在网上交易中,若双方出示了各自的数字证书,并用它来进行交易操作,那么双方都可不必为对方的身份真伪担心。日常生活中的身份证是由公安局签发的,同样,数字证书也需要由一个可信任的实体进行签发,签发数字证书的权威机构称为 CA 机构,又称证书授权中心,CA 可以为用户、计算机或服务等各类实体颁发证书。

数字证书颁发过程(图 6-10):首先,用户产生自己的密钥对,将公共密钥及部分个人身份信息用 CA 公钥加密后送传给 CA。CA 在核实身份后,将执行一些必要的步骤,以确信请求确实由用户发送而来。然后,CA 用自己的私钥对用户的公钥和身份 ID 的混合体进行签名,将签名信息附在公钥和身份 ID 等信息后,从而生成一张数字证书。最后,CA 将数字证书发给用户,同时负责将证书发布到相应的目录服务器上,以供其他用户查询和获取。该证书内包含用户的个人信息和他的公钥信息,同时还附有 CA 的签名信息。用户就可以使用自己的数字证书进行相关的各种活动。数字证书由独立的证书发行机构发布,数字证书各不相同,每种证书可提供不同级别的可信度。

由于用户的身份信息和用户的公钥被捆绑在一起,被 CA 用其私钥计算数字签名。CA 的私钥除了 CA 外其他人都不知道,因此除 CA 外的任何人都无法修改主体的身份信息和公钥

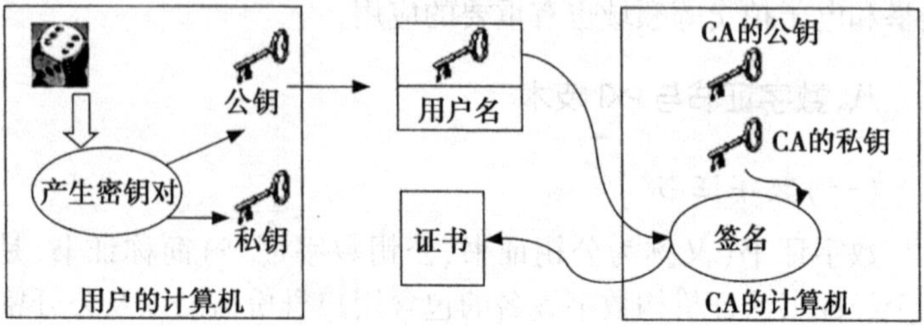

图 6-10　数字证书颁发过程

的捆绑体。这样,数字证书就建立了主体与公钥之间的关联。

目前,数字证书的内部格式一般采用 X.509 国际标准,一个标准的 X.509 数字证书包含内容如图 6-11 所示。

在 Windows 环境下,可以通过 IE 查看已经安装的数字证书信息。

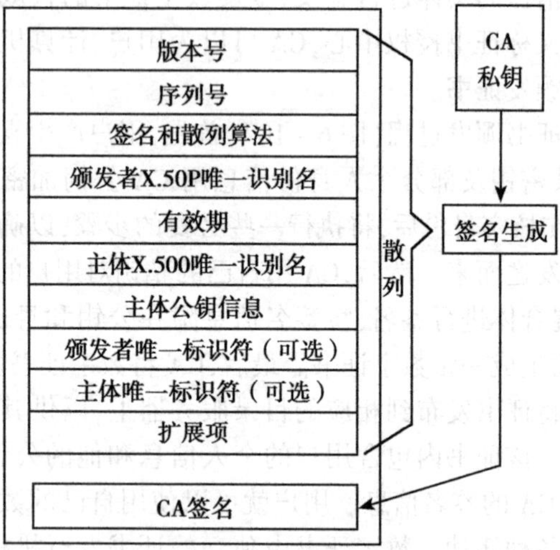

图 6-11　X.509 数字证书

数字证书主要有以下几种类型。

1. 个人证书

个人证书包含证书持有者个人的基本信息、公钥及 CA 的签名。用户使用此证书在网络通信中用来标识证书持有人的电子身份,用来保证信息在互联网传输过程中的安全性和完整性。个人证书按照个人的不同需求分为个人安全电子邮件证书和个人身份证书。使用安全电子邮件证书的用户可以收发用数字签名加密的邮件。使用个人身份证书的用户可以在网上进行交易、在线支付等活动。

2. 单位证书

单位证书包含证书持有单位的基本信息、公钥及 CA 的签名。单位证书签发给独立的单位和组织,在互联网上证明该单位和组织的身份。单位证书可以应用于工商、税务、金融、社保、政府采购和行政办公等一系列的电子政务、电子商务活动。单位证书按照各个单位的不同需求分为企业或机构安全电子邮件证书、企业或机构身份证书、部门证书和职位证书。

3. 设备证书

设备证书包含持有证书的服务器或客户端的基本信息、公钥及 CA 的签名。设备证书主要签发给 Web 站点或其他需要安全鉴别的服务器或客户端,证明服务器或客户端的身份信息。设备证书按照不同的设备分为应用服务器证书、Web 服务器证书、VPN 网关证书和 VPN 客户端证书等。

4. 代码签名证书

代码签名证书包含软件提供商的身份信息、公钥及 CA 的签名。代码签名证书是 CA 签发给软件提供商的电子证书。代码签名技术可以有效地防范软件被仿冒和篡改的风险,使用户免遭病毒与黑客程序的侵扰,可以有效地进行软件网上发布认证,为软件的完整性提供可靠的保障。代码签名证书按照不同的应用范围分为个人代码签名证书和企业代码签名证书。

(二)CA 认证中心

CA 认证中心承担网上安全电子交易的认证服务,主要负责产生、分配并管理用户的数字证书。数字证书的作用是证明证书中列出的用户合法拥有证书中列出的公开密钥。创建证书的时候,CA 系统首先获取用户的请求信息,其中包括用户公钥,CA 根据用户的请求信息产生证书,并用自己的私钥对证书进行签名。其他用户、应用程序或实体使用 CA 的公钥对证书进行验证。

1. CA 认证中心的功能

(1)颁发证书。认证中心接收、验证用户(包括下级认证中心和最终用户)的数字证书的申请,将申请的内容进行备案,并根据申请的内容确定是否受理该数字证书申请。如果中心接受该数字证书申请,则进一步确定给用户颁发何种类型的证书。新证书用认证中心的私钥签名以后,发送到目录服务器供用户下载和查询。为了保证消息的完整性,返回给用户的所有应答信息都要使用认证中心的签名。

(2)撤销证书。用户证书需要申请撤销时,用户向认证中心提出证书撤销请求,认证中心根据用户的请求确定是否将该证书撤销。CA 将已经撤销的证书记录在表里,这张表称为证书作废列表(Certificate Revocation List,CRL),CRL 列表记录着所有被撤销的证书编号、撤销日期以及原因等。

(3)证书更新。当用户私钥泄露或证书的有效期快到时,用户应申请更新私钥。这时用户可以申请更新证书,并吊销原来的证书。证书更新的操作步骤与申请颁发证书类似。

(4)证书的归档。证书具有一定的有效期,证书过了有效期之后不能简单地删除,因为有时可能需要验证以前的某个交易过程中产生的数字签名,这就需要对过期的证书归档,归档的证书存放在指定数据库中。认证中心具备管理过期证书和过期密钥的功能。

2. CA 认证中心组织框架

一个典型的CA 系统包括RA 注册机构、CA 服务器、安全服务器和数字证书库等。

(1)RA 注册机构。主要负责接收注册信息、审核用户身份等,帮助证书机构完成某些日常工作。

(2)安全服务器。安全服务器面向普通用户提供安全服务,以保证证书申请和传输过程中信息的安全。

(3)CA 服务器。负责证书的签发,为操作员、安全服务器以及 RA 注册机构服务器等生成数字证书。

(4)数字证书库。CA 颁发和撤销的证书的集中存放地,供网上用户下载或查询证书。数字证书库通过目录技术实现网络服务,常用的目录技术是轻型目录访问协议(Lightweight Directory Access Protocol,LDAP)。LDAP 目录系统能够支持大量用户的同时访问。

3. 国内 CA 中心

国内的认证机构可分为 3 类:行业性 CA、区域性 CA 和商业性 CA,主要有中国金融认证中心、中国电信认证中心、上海市电子商务安全证书管理中心和北京数字证书认证中心等。

4. CA 信任模型

CA 信任模型提供了建立和管理信任关系的框架,信任模型建立的目的是确保一个认证机构所颁发的证书能够为另一个认证机构的用户所信任。按照有无第三方可信机构参与,信任可划分为直接信任和第三方的推荐信任。第三方推荐信任是指两个实体以前没有建立起信任关系,但双方与共同的第三方有信任关系,第三方为两者的可信任性进行了担保,由此建立信任关系,第三方的推荐信任是目前网络安全中普遍采用的信任模式。

(1)CA 层次结构模型。随着 PKI (公钥基础设施)规模的增大,CA 要有效追踪它所认证的所有实体的身份就会变得困难。随着证书数量的增加,一个单一的认证机构可能会变成认证过程的瓶颈。采用认证层次结构是解决问题的办法。

在层次结构中,CA 将它的权利授予一个或多个子 CA,如图 6－12所示。这些 CA 再次依次指派它们的子 CA,这个过程将遍历整个层次结构,直到某个 CA 实际颁发了某一证书。可将这个 CA 层次结构看成一个大企业。

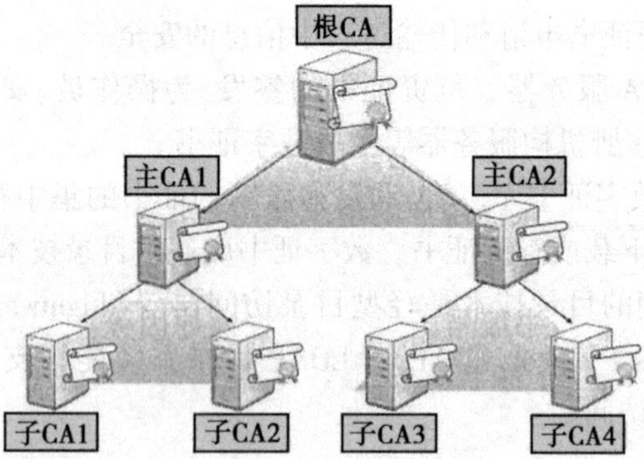

图 6－12　CA 层次结构模型

(2)交叉认证模型。交叉认证(图 6－13)是把以前无关的 CA 连接到一起的认证机制。当两者隶属于不同的 CA 时,可以通过信任传递的机制来完成两者信任关系的建立。CA 签发交叉认证证书是为了形成非层次的信任路径。

(三)PKI 技术

公钥基础设施(Public Key Infrastructure,PKI)是一种遵循既定标准的密钥管理平台,它能够为所有网络应用提供加密和数字签名等密码服务及所必需的密钥和证书管理体系。简单地说,PKI 就是利用公钥理论和技术建立的提供安全服务的基础设施。CA 认证中心作为证书的签发机构,它是 PKI 的核心,是 PKI 应用中权威的、可信任的、公正的第三方机构。PKI 提供良

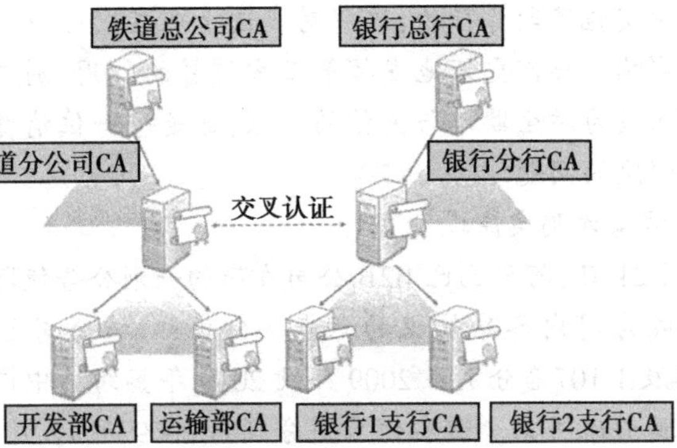

图6－13　交叉认证模型

好的应用接口系统,为各种各样的应用提供与PKI交互安全、一致、可信任的方式,确保网络环境安全可靠,并降低管理成本。

【拓展阅读】

"阿里巴巴欺诈门"引爆网商诚信危机

2 000余家阿里巴巴网站中国供应商涉嫌诈骗全球买家,阿里巴巴近100名销售人员及部分主管和销售经理故意或疏忽地容许骗子规避该公司的认证措施。阿里巴巴集团旗下B2B公司于2011年2月21日发布的公告中透露这一消息后,在业界激起千层巨浪。

此前,国内一些企业和消费者对阿里巴巴旗下淘宝网部分B2C卖家售假的抱怨声此起彼伏。如今,阿里巴巴网站中国供应商涉嫌欺诈全球买家的消息又使阿里巴巴雪上加霜。阿里巴巴公告中提出,需要本公司继续强化价值观才得以解决此类问题。然而,仅仅依靠强化价值观能否遏制电子商务领域不断蔓延的欺诈行为?

阿里巴巴网站上千名供应商中的一部分很有可能已经在国

际贸易中实施了欺诈行为,这将对我国企业在国际中的形象造成恶劣影响。如何更好地发挥第三方监督的作用,别再让电子商务市场成为滋生欺诈与失信的温床,这是每一位消费者都期待尽早解决的问题。

1. 涉嫌诈骗案惊现

2月21日,阿里巴巴B2B公司发布的一则公告使阿里巴巴网瞬时成为国内各界热议的焦点。公告称,该公司已确定了1 219名及1 107名分别在2009年及2010年签约的中国供应商涉及诈骗全球买家。这些供应商分别占2009年12月31日及2010年12月31日Gold Supplier(金牌供应商)会员总数约1.1%及0.8%。该公司目前已把相关的商户店铺全部关闭。

更让人们吃惊的是,调查显示,近100名销售人员及部分主管和销售经理需要对其故意或疏忽地允许骗子规避该公司的认证措施及在国际交易市场上有组织地建立进行诈骗的商户店铺负直接责任。但是,公告中没有详细透露究竟有多少全球买家上当受骗,涉案金额也未提及。

贴着金牌供应商标签的2 326家阿里巴巴网站中国供应商涉嫌诈骗全球买家,而且有内部工作人员参与其中,这直接导致该公司执行董事、CEO兼总裁卫哲与执行董事兼首席运营官李旭晖双双引咎辞职。国内许多网民不禁要问:"阿里巴巴欺诈门"为什么会发生?今后怎样避免类似的欺诈事件继续发生?

2. 认证漏洞被利用

阿里巴巴B2B公司的公告中透露了骗子们的诈骗手法:一般来说,这些店铺提供高需求的消费电子产品,并以极具吸引力的价格、较低的最少购货量和相对不安全的付款方式进行交易。更重要的是,他们精心策划有组织和系统性的行动以破坏阿里巴巴网络平台的诚信体系,并设法规避该公司的认证措施。

可想而知,对于那些对中国供应商缺乏了解的全球买家来说,一个挂着"金牌供应商"认证标签的中国供应商应具有极高的可信度和吸引力。这些骗子到底如何与内部人员周旋通过“金牌供应商”认证，公告中没有详细说明。但是，“金牌供应商”无疑是这些骗子进行诈骗的绝佳掩护。阿里巴巴收取这些所谓“金牌供应商”的会员年费，并向全球买家展示推荐，难辞其咎。

此次“阿里巴巴欺诈门”再度引发人们对电子商务市场诚信问题的高度关注。阿里巴巴有关负责人在这次事件中反复强调维护客户第一的价值观，捍卫诚信原则，公司绝不能变成一家仅以赚钱为目的的机器，违背公司价值观的行为丝毫不能容忍。

但是，大力弘扬倡导企业价值观真的能确保类似的欺诈案件不再发生？企业员工为了个人利益明知供应商涉嫌诈骗还协助其进入交易平台，这明显是一种有失诚信、涉嫌犯罪的行为，这些员工首先应受到法律法规的严惩，而不是某一个企业价值观的鞭挞。如果阿里巴巴或者其他的电子商务平台（网站）还在依靠企业自律或者企业文化价值观来约束其员工的道德底线，网民在网上交易恐怕很难感到放心。

3. 第三方有效监督不可少

事实上，如今很多国外企业到中国采购都会事先了解行业中供应商的信用相关情况，并委托第三方专业信用评价机构对目标供应商进行信用评价并出具征信报告。据悉，商务部电子商务中心 2010 年共接受 10 多个国家使领馆共 1 000 多份征信委托，对国内、国外供应商进行了大量的信用评价，并对合格企业进行了国别信用认证。这对建立采购商与供应商间的互信桥梁、帮助国内优秀企业更好地走出去起到了重要的作用。

2010 年，商务部电子商务中心与许多贸易类电子商务平台合作，对其站内会员开展了信用认证工作，通过一年的实践证明，对电子商务平台和平台内的会员开展信用评价或信用认证工作是实现第三方监督最有效的形式。通过信用评价，可以明确地向消费者提示该网站和商户的履约能力，协助消费者进行交易判断，从而有效规避交易风险；通过信用认证，不良网站和不法人员的失信行为将被扼杀在源头。更为重要的是，通过第三方信用服务，电子商务平台类网站可大幅提升会员监管水平和整体信用能力。

阿里巴巴网站中国供应商涉嫌欺诈事件从另一个侧面反映出电子商务市场的规范和健康发展不能仅靠企业的自律与事后的问责，而应该更多地发挥第三方信用服务机构的作用，从信用评级、巡查、投诉等多个层面对电子商务网站的信用进行监管，防患于未然，通过信用监督手段把交易风险阻挡在交易的大门外。只有这样，才能从源头堵住那些不良网站和不法从业人员的违法可能，整个电子商务市场环境才能越来越健康。

（本案例来自中国消费网．http：//www. ccn. com. cn/news/yaowen/201 l/0302/349076. html）

第七章　农村电商的推广

第一节　电商巨头抢占农村市场

电子商务近年来备受瞩目，在城市占据相当一部分的商业市场。而在城市市场日渐饱和的前提下，越来越多的电商把目光投向了广阔的农村市场。

一、农村市场的潜力

虽然与发展较早的城市相比，农村的网络接受度较低，但是从另一个角度来说，一线甚至二线城市发展的速度都不可避免地开始放缓，所以，农村便成为一个还未完全被开发的“第二市场”。

农村人口基数大，巨大的人口数量实质上也代表了巨大的潜力，如果被挖掘出来，能量将不可估量。

根据《第35次中国互联网络发展状况统计报告》显示：截至2014年12月，我国网民的数量已经达到了6.49亿，互联网普及率达到了47.9%，其中，农村网民是1.78亿，其所占比例为27.4%；而据另一份调查数据显示：中国目前行政村数量已经达到了68万个，农村人口为9.4亿人，长期居住在农村的数量为7.5亿人。

网络使用人数的多少代表着信息化的普及程度。我国信息化自城市发源和发展，以放射状向农村辐射，农村信息化虽然暂时还有所不足，但正是因为不足，其以后的发展空间才更显巨大。随着计算机、网络、智能手机等不断普及,信息化的脚步将明显加快,农村未来必然会以其明显的人口优势成为我国电商的主打市场。

而且,在三线以下的城镇和农村,实体商业如零售业的店面分布将不能满足农村人购买的需要,加之网络的普及,人们更会把目光投向网络购物,因此,电商在满足消费者需求这一方面占有较为明显的优势,将会成为释放消费需求压力的一个重要出口。

二、电商在农村的推广途径

农村大多有其独特的地缘特点,相对于城市来说较为偏远,而大多数商业形式在此类地区的延伸往往有一定的滞后性。那么,如何让电商迅速地延伸到农村千家万户的门口,便成了电商企业密切关注的问题。

以京东为例,大力培植乡村推广员便是一个重要的手段。这类人员是从农村当地选拔出来的,往往具有相对较高的购买力,对网络消费有着紧跟时代的意识,并且在当地有很好的人缘。这些人受京东邀请加入他们的团队,为京东的商业做推广,把商品或者销售信息带到村民家中。

“我们所要关心的就是如何把准确而实惠的信息送到村民家中,毕竟村民对于电商的了解还比较有限,而在这有限的了解中他们对京东的信任程度还是比较高的。”一名京东乡村推广员很诚恳地说道。

目前,京东乡村推广员的数量还在不断增长,以此为中心所建立的服务点数量也在迅速增多,所形成的服务覆盖面积逐步扩大。按照原本的计划,在 2015 年 3 月初便形成推广人员突破 3 000人、服务中心达到 30 个、覆盖县城超过 50 个这样的规模。由此可见,京东对于农村的消费市场抱有极大的信心,而这一举措也势必会提高农村人通过京东而达成的网络成单量,从而拉动农村的消费水平,并能给农村人提供形式更加丰富也更加便捷的电商服务。

当然,在这一领域京东并非一枝独秀,其他电商如苏宁、阿里巴巴等都已经将脉络延伸到了乡村。阿里巴巴在2014年12月就推出了“千县万村”的计划,计划在3~5年之内进行投资,投资的数额高达100亿元,准备在县级地区建立1 000个运营中心,同时在村级地区建立10万个服务站。

由此可见,各大电商企业都在努力抓住这次难得的商机,把县、村等地作为自己企业长远发展的一大“根据地”。

三、电商在农村发展的障碍

农村的市场固然是巨大的,但这一市场也存在其固有的问题。农村经济收入主要来源于农产品的外销,通过网络途径进行外销也是电商在乡村运行的一个重要方面。此外,网络购入的产品要想进村也是一大难题。这样“一出一进”,便构成了电商在农村发展的一大阻碍。如何解决这一阻碍,关键是要解决以下问题:

(一)农民对网络购物的认识问题

尽管我国网络发展延伸到农村已经有一些时日,但是,农村人对于网购的认识尚在发展之中。传统的购买模式在农村人的观念中已形成良久,实体交易依然是其主要的交易方式。换言之,农村人对于借助于网络平台完成的交易还存在一定的不信任。

不少乡村推广员表示,他们需要反复地进行演示和讲解,村民才能在一定程度上消除对于网购会买到假货甚至付了钱拿不到货的疑虑。由此可见,解决农村人观念上对于电商的不了解或者是误解是电商能够在乡村打开局面的一个极为重要的前提。

(二)物流配送的覆盖率以及成本问题

现如今,电商的配送途径主要依靠中国邮政、“四通”(申通、中通、圆通、汇通)、韵达等物流公司,而这些物流公司所设立的配送点还不是十分全面。

据国家统计局2014年6月的数据显示:有将近六成的农村居民认为收发快递十分不方便,有些乡村没有收发点,村民只能到距离较远的县城里。尤其是价格较为便宜的民营快递,所建立的网点偏少。而覆盖率较高的快递,例如国营的中国邮政,其费用又相对过高,无论是向内“购入”还是向外“产出”,不少村民都表示无法承担高昂的物流费用。如此一来,物流问题无疑就成为阻碍电商在乡村发展的一个“瓶颈”。

(三)电商团队人才的缺乏问题

绝大多数电商都不可能完全做到给各个乡村配送专门的电商人才,吸纳当地人加入团队无疑是最经济也是最便捷的方法。但是,由于电商经济的特点,对于这类人才又有特殊的要求,比如要熟悉网购交易,了解农村市场的详情,甚至要懂得一定的农业知识。由于计算机和网络在农村发展的相对滞后,这样的人才实在偏少。

对于电商来说,在巨大的竞争压力下,既要开拓农村市场,保证商业运营,又要培养电商人才,所牵扯和耗费的精力实在过大。

第二节 打造农村电商

随着互联网的发展,互联网与很多行业开始融合,但是,在最传统的农业领域却屡屡受挫,除了几个产地直采的生鲜电商之外,互联网在农业领域几无建树。

农业与其他行业的不同,本质上是农村与城市的不同,农村资源与城市社区资源的不同。社区资源主要由消费者构成,商家很少,而作为农村资源的主体,农民同时充当着商家、生产者与消费者的角色,他们既可以把产品卖给消费者,也可以提供给其他商家,还可以从其他商家手中购买自己所需,这使供应链系统变得更加复杂。

因为涉及农村,所以农村电商并不仅仅是互联网跨界一个行业那么简单,做农村电商需要从解决“三农”问题的角度出发,应该把农村电商作为一个“三农”问题的解决方案来考虑,这就要求农村电商不仅仅是互联网销售平台,至少还需要有O2O本地服务功能。

一、城镇化现状:农民走向城市,资源趋向整合

农民增收、农业发展、农村稳定3个问题,其实是从农民的身份、行业、居住环境3个方面出发的一体化问题,解决方案也必须包含这3个方面。

传统的农村作业以家庭为单位从事农业生产,这种模式生产力低下,生产效率有限,而通过资源整合,将分散的农田整合成规模化的种植基地,将每家每户的畜牧业资源整合成大型的养殖基地,就能够大大提高资源的产出效率和价值。

四五年前开始推行的农村社区化行动就是一种农村资源整合方案,通过将村落合并成社区的方式,将农村的人力资源、土地资源都集中在一起,整合后的土地资源用于规模化种植或者建立工厂,人力资源则重新分配进入工厂或者种植基地工作,通过这种资源整合的方式来解决“三农”问题,这就是农村未来的发展方向。

农村社区化也是推行农村城镇化路线的一次尝试。随着越来越多的农村人口涌入城市,长居于农村的劳动力资源越来越少,已经不能够支持传统的生产方式,所以逐渐有农民卖掉自己的农田和牲畜,或者将农田承包给其他人,自己进城务工或者搬去城市与子女同住。这样一来,农村土地资源逐渐集中起来,形成一些中小型的农场和养殖场,土地产值得到大幅度提高。

二、农村电商应该怎么做

农村资源整合以后,生产力得到大幅度提高,生产出来的更多产品需要销售出去,这就为农村电商提供了发展契机。

从2013年年底开始,阿里巴巴、京东等电商巨头纷纷涌入农村地区进行声势浩大的刷墙宣传,然而这些电商无法将供应链及需求链完全下沉到农村市场,也无法将农民群体培养成可以团队运营的成熟电商,所以很多电商在农村市场未能成功。

传统的电商模式在农村市场水土不服,然而农村电商就没有其他解决方案了吗?换一个角度来看,农产品销售只有城市市场这一条出路吗?当然不是。农村之所以能够长期封闭,是因为农村本来就可以支撑一个完整的生态,农民既是生产者也是消费者,农村既生产产品,也同时拥有庞大的市场需求。换句话说,农民并不一定非要把产品卖到外面的市场,本地平台也可以解决农资产品再分配的问题。

于是,土生土长的本地化农村电商平台"村村乐"就这样诞生了。村村乐既不同于淘宝那种一个卖家对应无限买家的营销模式,也不同于58同城、赶集网那种围绕个人生活的服务模式,而是一个以村为单位、只做本地产品、服务本地企业和用户的综合性服务平台。

电商的发展离不开四通八达的物流系统的支持,而农村并不具备这样的条件,所以物流成为农村电商发展的最大阻碍,电商巨头们也只能望农村兴叹。等到京东的自建物流覆盖农村,或者四通一达下沉到乡镇,电商巨头们才能真正开进农村市场,然而短时间内是绝对不可能实现的。

针对物流问题,村村乐想出了完全不同的思路,将交易范围缩小到邻里乡亲,所有交易尽量就近完成,不同村落之间的交易,则以村为单位进行,比如将本村的所有供应信息集中于一处,让外部的购买者一目了然;整合当地的农家店资源,让村里的小卖部身兼数职,不仅可以卖自己店内产品,还可以作为村村乐的 O2O 线下平台,销售网站上的产品和服务。

这种商业模式绕过了物流环节,交易双方可以直接现场交易,或者协商其他方法,而村村乐在这个过程中充当了信息中介的角色,只负责将乡里乡亲的供应需求和购买需求嫁接在一起。

三、农村城镇化及产业升级:需要更多的"村村乐"

农业包括农林牧副渔多种产业,电子商务尽管积极布局农业电商,但是至今的成果只有生鲜电商、农产品电商和农资电商,还有广阔的领域尚未开发,而且不同的商业模式都需要建立自己的产业链,生成自己的产业族群,所以农业电商市场潜力巨大,牵涉环节众多,范围极广。

2014 年,全国农村电商市场交易总额达到 2 000亿元,其中大部分来自淘宝、京东等传统电商巨头,"村村乐"之类的本地化农村电商贡献的份额微乎其微,主要是因为它们的规模和名声都太小。到 2014 年年底,"村村乐"已经拥有了 1 000万个会员,30 万村庄论坛的版主,但放在全国 6 亿人的农民群体中,这样的规模实在太小,所以需要有更多的力量加人才能满足农村的需求。

农村电商生态极为复杂,因为农民既是生产者也是消费者,不仅有购物需求也有销售需求。在需求产业链上,农村居于产业链的下游,在供应产业链上,农村又居于产业链的上游,也就是说,农村电商模式应该是一种双向的商业供需模式。

农村商业拥有足够大的市场发展潜力,吸引着各大电商追逐而来,在布局农村电商时又遇到供应链太长的问题,难以下沉到农村市场,如果与本地化平台进行对接,就可以大幅度加快农村电商的布局。将来,无论是电商巨头加速渠道下沉,还是本地化电商平台继续扩张,都会为农村居民带来更好的商业环境和服务,让农民生活更加便利,这样的平台多多益善。

第八章　网络营销组合策略

第一节　网络营销产品策略

产品是市场营销组合中最重要的因素。任何企业的营销活动总是首先从确定向目标市场提供的产品开始的,然后才会涉及价格、促销、渠道等方面的决策。网络营销也不例外,选择适合网络营销的产品,是企业制定其营销策略的基本要素之一。所以网络营销产品策略是网络营销组合策略的基础。

一、网络营销产品的概念

传统营销产品是能满足人们某种需求或欲望的任何有形物品和无形服务,包括核心产品(实质产品)、形式产品(实体产品)、附加产品(产品的附加价值)。网络营销产品是指提供给市场以引起人们注意、获取、使用或消费,从而满足某种欲望或需要的一切东西。与传统营销产品相比,网络营销在虚拟的 Internet 市场开展营销活动,互动性强,能更好地满足顾客的个性化需求。因此,网络营销产品比传统营销产品内涵更丰富,产品层次也进一步拓展了。在网络营销中,产品的整体概念可分为五个层次。

(一)核心产品层次

与传统营销产品的核心产品层次一样,核心产品是指产品或服务能够提供给消费者的最基本的效用或益处,是消费者真正想要购买的基本效用或益处。

（二）实体产品层次

实体产品也称为实体产品或有形产品层次，是产品在市场上出现时的具体物质形态，主要表现在品质、特征、式样、包装等方面，是核心利益或服务的物质载体。

（三）期望产品层次

期望产品层次是在网络营销中，顾客处于主导地位，消费呈现出个性化的特征，不同的消费者可能对产品的要求不一样，因此产品的设计和开发必须满足顾客这种个性化的消费需求。期望产品是指顾客在购买产品/服务前对所购产品/服务的质量、使用方便程度、特点等方面的期望值，这对企业开发与设计新产品有重要的指导作用。因此，为满足这种需求，对于物资类产品、生产和供应等环节必须实行柔性化的生产和管理。

（四）附加产品层次

附加产品也称为延伸产品层次，其含义与传统产品概念中的附加产品的意义一样，附加产品层次是指由产品的生产者或经营者提供的满足购买者延伸需求的产品层次，主要是帮助用户更好地使用核心利益的服务。在网络营销中，延伸产品层次要注意提供满意的售后服务、送货、质量保证等，此层次主要协助顾客更充分、更好地享受核心产品带来的基本效用。网络营销产品市场是跨越时空限制的、全球性的，如果解决不好附加产品的这些问题，势必影响网络营销的市场广度。

（五）潜在产品层次

潜在产品层次在附加产品层次之外，它是指企业向顾客提供的能满足顾客潜在需求的各种远期的收益。它是网络营销产品概念的最后一个层次。与延伸产品不同，潜在产品是对顾客潜在需求的进一步发掘，是一种增值服务，意在培养顾客的忠诚度。

二、网络营销产品的特点

由于网上消费者有着区别于传统市场的消费需求特征，因此并不是所有的产品都适合在网上销售和开展网上营销活动。一般而言，目前适合在互联网上销售和营销的产品通常具有以下特性。

(1)产品性质。由于网上用户在初期对技术有一定要求，用户上网大多数与网络等技术相关，因此网上销售的产品最好是与高技术或与计算机、网络有关，这些产品容易引起网上用户的认同和关注。根据网上消费者的特征，网上销售和营销的产品一定要考虑产品的新颖性，追求商品的时尚和新颖是许多消费者特别是青年消费者重要的购买动机。其次，考虑产品的购买参与程度，要求消费者参与程度越高的产品，越不适合在网上销售和营销。

(2)产品质量。网络的虚拟性使顾客可以突破时间和空间的限制，实现远程购物和在网上直接订购，这使得网络购买者在购买前无法尝试或只能通过网络来尝试产品。由于网络购买者无法具有传统环境下亲临现场的购物体验，因此顾客对产品的质量尤为重视。

(3)产品式样。网上市场的全球性，使得产品在网上销售面对的是全球性市场，因此，通过互联网对全世界国家和地区进行营销的产品要符合该国家或地区的风俗习惯、宗教信仰和教育水平。网上销售产品在注意全球性的同时也要注意产品的本地化。同时，由于网上消费者的个性化需求，网络营销产品的式样还必须满足购买者的个性化需求。

(4)产品品牌。在网络营销中，生产商与经营商的品牌同样重要，要在网络浩如烟海的信息中获得浏览者的注意，就必须拥有明确、醒目的品牌。

(5)产品包装。作为通过互联网经营的针对全球市场的产品,其包装必须适合网络营销的要求。

(6)目标市场。网上市场是以网络用户为主要目标的市场,在网上销售的产品要能覆盖广大的地理范围。

(7)产品价格。从消费者的角度来看,产品价格虽然不是决定消费者购买的唯一因素,但却是消费者购买商品时的重要因素。互联网作为信息传递工具,在发展初期是采用共享和免费策略发展而来的,网上用户比较认同网上产品低廉的特性;另一方面,由于通过互联网进行销售的成本低于其他渠道销售的产品,消费者对于互联网有一个免费的价格心理预期。因此在网上销售产品一般采用低价定位。

三、网络营销产品的分类

按照产品性质的不同,在网络上销售的产品可以分为两大类:即实体产品和虚体产品。

(一)实体产品

将网上销售的产品分为实体和虚体两大类,主要是根据产品的形态来区分。实体产品是指具有物理形状的物质产品。在网络上销售实体产品的过程与传统的购物方式不同,它不是传统的面对面的买卖方式,网络上的交互式交流成为买卖双方交流的主要形式。消费者或客户通过卖方的主页考察其产品,通过填写表格表达自己对品种、质量、价格、数量的选择;而卖方则将面对面的交货改为邮寄产品或送货上门,这一点与邮购产品颇为相似。因此,网络销售也是直销方式的一种。

(二)虚体产品

虚体产品与实体产品的本质区别是虚体产品一般是无形的,即使表现出一定形态也是通过其载体体现出来,但产品本身的性质和性能必须通过其他方式才能表现出来。在网络上销售的虚体产品可以分为两大类:软件类产品和服务类产品。软件类产品包括计算机系统软件和应用软件。网上软件销售商常常可以提供一段时间的试用期,允许用户尝试使用并提出意见。好的软件很快能够吸引顾客,使他们爱不释手并为此慷慨解囊。

服务类分为普通服务和信息咨询服务两大类,普通服务包括远程医疗、法律救助、航空订票、入场券预定、饭店旅游服务预约、医院预约挂号、网络交友、电脑游戏等,而信息咨询服务包括法律咨询、医药咨询、股市行情分析、金融咨询、资料库检索、电子新闻、电子报刊等。

对于普通服务来说,顾客不仅注重所能够得到的收益,还关心自身付出的成本。通过网络这种媒体,顾客能够尽快地得到所需要的服务,免除恼人的排队等候的时间成本。同时,消费者利用浏览软件,能够得到更多、更快的信息,提高信息传递过程中的效率,增强促销的效果。

对于信息咨询服务来说,网络营销产品是一种最好的媒体选择。用户上网的最大诉求就是寻求对自己有用的信息,信息服务正好提供了满足这种需求的机会。通过计算机互联网络,消费者可以得到包括法律咨询、医药咨询、金融咨询、股市行情分析在内的咨询服务和包括资料库检索、电子新闻、电子报刊在内的信息服务。

四、网络营销产品具体策略

网络营销产品的形式有多种,网络营销者要根据网络产品的不同形式、不同特点,制定相应的营销策略,以满足消费者多样性需求。

(一)定制化策略

网络产品的定制化策略是定制化营销的必然要求,定制化营销是网络时代企业营销的典型模式。一方面,在互联网的环境里,消费者的个性化需求有了选择的空间和实现的条件,要求企业能够生产出定制化的产品,以满足他们自主选择的需要;另一方面,以顾客为导向的营销理念,也要求企业满足不同顾客的个性化需求,运用“一对一”的定制策略提供有特色的产品和服务。

(二)信息流与物流的合成策略

就实体商品的网络营销来说,没有物体的空间移动,消费者是很难及时得到其所需商品的。实体商品的网络营销,如果没有物流体系的保障,满足消费者个性化需要的目的是难以实现的。因此,企业开展实体产品的网络营销,必须要结合运用物流配送的策略。

(三)网络新产品的开发策略

在网络营销中,新产品的界定应从顾客需求的角度出发,只要产品整体概念中的任何一个层次发生了变化、改进、革新,就都称为新产品。因此,根据新产品与原有产品差别的程度,可将网络新产品的开发策略分为以下6种。

(1)重新定位策略。重新定位策略是指企业对自己目前已经拥有的产品进行重新定位,或者改变它的目标市场。网络作为一种新型的营销因素,使得企业在营销空间与时间上得到了扩展,给企业扩展新市场、新领地提供了条件,因此,企业可考虑将原有的产品进行重新定位,扩张自己的势力范围。

(2)仿制开发策略。此策略是对市场上现有的产品进行局部的改进和创新,从根本上来说还是保存了原有产品的主要结构、特征与功能,属于原有产品的仿制品。这种新产品的开发,花费的时间与金钱比较少,适合进行不同地域之间的移植。

(3)改进开发策略。此策略是指在已有产品的基础之上进行派生研发而得出新产品的方式。在原有产品的基础之上,对原有产品的包装、结构、原材料或功能等方面中的一个或几个方面进行变化与调整,生产出新产品,这种新产品往往更符合顾客的需求,并与原有产品形成差异。开发改进的产品,可以帮助企业在网络营销中,以较少的资源实现差异化营销,更好地满足顾客的多样化与个性化需求。

(4)换代开发策略。这种新产品开发是指产品的基本原理与构造不变,只是应用科学技术发展的新成果,采用新的原材料、新的技术等,使得新产品在性能上比原有产品有较大幅度的提高。

(5)降低成本开发策略。降低成本开发策略是提供同样功能但成本较低的新产品策略。网络时代的消费者注重个性化消费,个性化消费意味着消费者根据自己的个人情况来确定自己的需要,因此消费者的消费意识更趋向于理性化,消费者更强调产品给自己带来的价值,同时包括所花费的代价。

(6)全新开发策略。此策略是指开发那些前所未有的产品。全新的产品不是在老产品的基础上发展变化而来,而是完全的创新,需要花费大量资源。

企业具体采取哪一种开发新产品,可根据网络消费者的需求和企业实际情况决定。结合互联网与网络营销市场的特点,不断地开发新产品是现代企业竞争的核心。

第二节　网络营销价格策略

价格是营销组合中最活跃的因素,网络营销价格更是如此,互联网上空前丰富的商品信息,网络消费者只要轻点鼠标,就可获得所有的某一类产品的价格信息,从而大大提高了网络用户或网络消费者对价格选择的主动权。因此,网络营销必须根据这一特点,采取与传统定价方法不同的价格策略。

一、网络营销价格概述

(一)网络营销价格的概念

对网络营销价格的认识可以从狭义和广义两个层面分析:

狭义的网络营销价格是人们为得到某种商品或服务支出的货币数量;广义上的网络营销价格是消费者为获得某种商品或某项服务与销售者所作的交换,这其中包括货币、时间、精力和心理担忧等。

网络营销价格包括两个部分的含义,一个是可以量化的成本,这是价格的狭义理解,也是通常人们头脑中的价格概念,可称之为产品(服务)的标价;另一个是不可量化的无形成本因素,也就是顾客在交易过程中所付出的除货币成本外的其他所有成本。网络营销价格的广义定义给企业定价开辟了一个新的途径,即除了产品的标价外,还可以在其他不可量化成本上努力,因为除了一小部分对产品标价特别敏感的顾客之外,还有大量的更注重其他获取成本的顾客。也就是说,除了降低货币成本(产品价格),企业还可以选择降低时间成本、精力和心理担忧等不可量化成本。

(二)网络营销价格的构成

从广义网络营销价格角度而言,价格是对可量化成本(即产品的标价)和不可量化成本(即涉及各种社会因素的获取成本)两部分的补偿,产品(服务)的真实价格应是以上两部分之和。其中,可量化的成本包括产品的成本和合理的利润;不可量化成本包括使用时间成本、购买精力和体力成本、生活方式变更成本、心理成本。

(三)网络营销价格的特点

开放快捷的因特网使企业、消费者和中间商对产品的价格信息都有比较充分的了解,因此网络营销定价与传统营销有很大的不同。网络营销定价的特点如下。

(1)低价位化。第一,因特网成为企业和消费者交换信息的渠道,一方面可以减少印刷费用与邮递成本,免交店面租金,节约水电费与人工成本,另一方面可以减少由于多次迂回交换造成的损耗。第二,网络营销能使企业绕过许多中间环节和消费者直接接触,进而使企业产品开发和营销成本大大降低。第三,消费者可以通过开放互动的因特网掌握产品的各种价格信息,并对其进行充分的比较和选择,迫使开展网络营销的企业以尽可能低的价格出售产品,增大了消费者的让渡价值。

(2)全球定价化。网络营销市场面对的是开放的和全球化的市场,世界各地的消费者可以直接通过网站进行交易,而不用考虑网站所属的国家或地区。企业的目标市场从过去受地理位置限制的局部市场,一下拓展到范围广泛的全球性市场,这使得网络营销产品定价时必须考虑目标市场范围的变化带来的影响因素。企业不能以统一市场策略来面对差异性极大的全球性市场,而是必须采用全球化和本地化相结合的原则进行。

(3)价格水平趋于一致化。因特网市场是一个开放的、透明的市场,在这个市场中,消费者可以及时获得同类产品或相关产品的价格信息,对价格及产品进行充分的比较,迫使企业努力减少因国家、地区等因素的不同而产生的价格差异,进而使价格趋于一致。

(4)弹性化。方便快捷的因特网能够使消费者及时获取各种产品的多个甚至全部厂家的价格信息,真正做到货比多家,这就决定了网上销售的价格弹性很大。因此,企业在制定网上销售价格时,应当科学量化每个环节的价格构成,制定出较为合理的价格策略。另外,随着消费者不断趋于理性化,企业在网络营销定价时要综合考虑各种因素,如消费者的价值观、消费者的偏好等。

(5)顾客主导化。传统市场中,产品的价格是以生产成本为基准,加上一定的利润率,就成为市场价格。在因特网市场中,消费者能及时获取产品及其价格的各种信息,通过综合这些信息决定是否接受企业报价并达成交易。所以,在定价时,企业必须考虑消费者的心理特点和价格预期,以消费者为中心,根据生产成本和消费者心理意识到的产品价值综合定价,以赢得消费者的接受和认可,产生购买欲望,实现双赢。

二、网络营销产品定价的影响因素

在网络营销中,企业与顾客之间的互动性增强,顾客在企业营销管理中的作用越来越大,议价能力也越来越强,因此网络营销者必须从顾客的角度考虑制定产品(服务)的价格,价格不是单纯地用于交换某种产品(服务)的金额,而是顾客为了获取某种产品(服务)所必须付出的代价。影响网络营销产品定价的因素很多,有企业内部因素,也有企业外部因素;有主观的因素,也有客观的因素。概括起来主要有产品成本、市场需求、竞争因素和其他因素四个方面。

(一)成本因素

成本是网络营销定价的最低界限,对企业网络营销价格有很大的影响。产品成本是由产品在生产过程和流通过程中耗费的物质资料和支付的劳动报酬所形成的,其一般由固定成本和变动成本两部分组成。

(二)供求关系

供求关系是影响企业网络营销定价的基本因素之一。一般而言,当商品供小于求时,企业产品的营销价格可能会高一些;反之,则可能低一些;在供求基本一致时,企业的销售价格将采用买卖双方都能接受的"均衡价格"。此外,在供求关系中,企业产品营销价格还受到供求弹性的影响。一般来说,需求价格弹性较大的商品,可采取薄利多销策略;而需求价格弹性较小的商品,可采取适当高价策略。

在传统营销中,需求方特别是消费者,因为信息不对称,并受时空限制,在定价方面处于被动地位。在网络营销中,因为开放的互联网,使消费者有了更大的购买选择空间和自主权,从而提升了在交易关系中的主动地位。在这种条件下,就要求企业在制定产品价格时,必须以顾客需求为导向,使顾客价值最大化,站在顾客角度考虑制定价格,帮助顾客节约购买成本,实现顾客价值最大化。

(三)竞争因素

竞争因素对价格的影响,主要考虑商品的供求关系及变化趋势,竞争对手的商品定价目标和定价策略以及变化趋势。竞争是影响企业产品定价的重要因素之一,在实际营销过程中,以竞争对手为主的定价方法主要有3种:低于竞争对手的价格、与竞争对手同价和高于竞争对手的价格。

(四)其他因素

除上述3个主要因素以外,网络营销的其他组合因素,如企业定价目标、市场定位、营销渠道、促销手段、消费者心理、企业本身规模、财务状况和国家政策等,也会对企业的网络营销价格产生不同程度的影响。

三、网络营销定价策略

网络营销价格的形成过程极为复杂,要受诸多因素的影响和制约。网络营销定价时,不但要考虑运用传统市场营销价格理论,更要考虑网络营销的软营销和互动特性以及消费者易于比较价格的特点。企业在进行网络营销定价时必须综合考虑各种因素,采用适合的定价策略。常见的网络营销定价策略可以分为以下几种。

(一)低价定价策略

(1)直接低价定价策略。直接低价定价策略就是由于定价时大多采用成本加一定利润,有的甚至是零利润,因此这种定价在公开价格时就比同类产品要低。它一般是制造业企业在网上进行直销时采用的定价方式。

(2)折扣定价策略。折扣定价策略是以在原价基础上进行折扣来定价的。这种定价方式可以让顾客直接了解产品的降价幅度以便促进顾客的购买。这类价格策略主要应用在一些网上商店,它通过对购买来的产品按照市面上流行价格进行折扣定价。

(3)促销定价策略。促销定价策略是指为了达到促销目的,对产品暂定低价,或暂以不同的方式向顾客让利的策略。促销定价除了前面提到的折扣定价策略外,比较常用的还有有奖销售和附带赠品销售。

(二)定制定价策略

定制定价策略包括定制生产和定制定价。由于消费者的个性化需求差异性大,加上消费者的需求量少,因此企业实行定制生产必须在管理、供应、生产和配送各个环节上,适应这种小批量、多样式、多规格和多品种的生产和销售变化。定制定价策略是在企业能实行定制生产的基础上,利用网络技术和辅助设计软件,帮助消费者选择配置或者自行设计能满足自己需求的个性化产品,同时承担自己愿意付出的价格成本。定制化生产是从消费者的个性化需求出发实行小批量、多式样、多规格和多品种生产的方式,企业的定价也按照这种方式实行多品种、差异化的定价。

(三)竞争导向定价策略

竞争导向定价主要是企业根据竞争者的价格,来确定本企业商品的价格。这种策略的特点是:竞争者价格不变,即使成本或需求有所变动,价格也不变,反之亦然。竞争导向定价包括随行就市定价、投标定价和拍卖定价 3 种方法。

(四)免费定价策略

免费价格策略是市场营销中常见的营销策略,它主要用于促销和推广产品,在传统营销方式中免费价格策略是一种短期的、临时的策略,在网络营销中则是一种长期并行之有效的产品和服务定价策略。采用免费策略的产品一般都是利用产品成长推动占领市场,帮助企业通过其他渠道获取收益,为未来市场发展打下基础,发掘后续商业价值。但是,并不是所有的产品都适合于免费定价策略。通常适于免费定价策略的产品具有无形性、易于数字化、零制造成本、只需简单复制、成长性和间接收益的特点。

免费营销策略就是将企业的产品或者服务以零价格形式提供给顾客使用,满足顾客的需求,主要有 4 种形式。

(1)产品和服务完全免费,即产品(服务)从购买、使用到售后服务所有环节都采用免费服务。完全免费的产品或服务一般是无差异化的产品,企业提供完全免费的产品主要是为了吸引用户注意力,招揽到足够的人浏览网站,增加网站的人气以建立网站品牌形象,免费产品是扩大网站的知名度的手段。

(2)对产品和服务实行部分免费,企业对其产品和服务实行有一部分免费,而另外一些部分则需要用户付款才能使用,而这些部分恰好是最重要、最核心的部分。用户因为使用产品的免费部分已经对产品产生了兴趣,很有可能会购买剩下的产品和服务,从而使企业得到收益。产品或服务所提供的付费功能可以归为两类:一类是必要的,也就是说顾客要得到产品的全部功能才能让产品发挥实质性的功效;另一类是个性化的,产品的免费功能能够很好地满足顾客对某一方面的需求,但如有对其他方面的需求则要购买产品的付费功能,企业正是通过增加产品附加服务来使产品差别化,这类付费的服务都是更具诱惑力的体验性增值服务能使核心产品更具个性化,满足顾客的不同需求。

(3)对产品和服务实行限制免费,即产品(服务)可以被有限次使用。超过一定期限或者次数后,取消免费服务。产品限制免费策略主要有两种表现形式：一是使用时间限制，即产品或服务只能让顾客在下载之后免费使用一段时间并且时间比较短，超过了这个时间如果顾客有继续使用的需要则要支付费用。二是使用次数限制，它规定了顾客只能免费使用产品数次，超过了这个次数如要继续使用则要支付费用。

(4)对产品或者服务实行捆绑式免费，即购买某种产品或者服务时赠送其他产品和服务。捆绑式免费指用户在购买企业的某些产品或服务时，企业捆绑赠送其他产品和服务。企业通过捆绑主打产品赠送免费的产品和服务，在提升主打产品市场竞争力的同时，也为新推出的捆绑产品打开了销路，拓展了市场。一般而言有两种方式：一是“软硬捆绑”，即把软件安装在指定的机器设备上捆绑出售；二是“软软捆绑”，即不同的软件产品打成一个包裹捆绑出售。捆绑策略不仅是定价策略，而且是竞争策略，捆绑免费的目的不是像传统物质产品那样只是为了获得更多的销售收入，而更主要的是为了抢夺更多市场。

(五)顾客参与竞价策略

互联网的优势使顾客在交易过程中处于主动的地位，企业可以让顾客在网上议价、划价、竞价，制定适合自己的价格，实现销售的目的。竞价定价的方式具体有拍卖竞价、拍买竞价、集体竞价等。集体竞价的特点是价格高开走低，即顾客参与的人越多，最终成交的价格就越低。

第三节　网络营销促销策略

网络营销是通过互联网，利用电子信息手段进行的营销活动。它包括网络营销产品策略、价格策略、促销策略和渠道策略等，其中网络营销促销策略是重要的组成部分。

一、网络营销促销策略的概念与特点

(一)网络营销促销策略的概念

网络营销促销策略简称网络促销,是指利用现代化的网络技术向虚拟市场传递有关产品和服务的信息,以启发需求,引起消费者的购买欲望和购买行为的各种活动。它包括网络广告、网上销售促进与公共关系等。

(二)网络营销促销策略的特点

(1)网络促销是在 Internet 这个虚拟市场环境下进行的。它的开放性决定了它跨越了空间的限制,聚集了全球的消费者,融合了多种生活和消费理念,显现出全新的无地域、时间限制的电子时空观。在这个环境中,消费者的概念和消费行为都发生了很大的变化。他们普遍实行大范围的选择和理性的消费,许多消费者还直接参与生产和流通的循环,因此,网络营销者必须突破传统实体市场和物理时空观的局限性,采用虚拟市场全新的思维方法,调整促销策略和实施方案。

(2)Internet 虚拟市场的出现,将所有的企业,无论其规模的大小,都推向了一个统一的全球大市场,传统的区域性市场正在被逐步打破,企业不得不直接面对激烈的国际竞争。如果一个企业不想被淘汰,就必须学会在全球的市场中竞争。

(3)网络促销是通过网络传递商品和服务的存在、性能、功效及特征等信息。它是建立在现代计算机与通讯技术基础之上的,并且随着计算机和网络技术的不断改进而改进。多媒体技术提供了近似于现实交易过程中的商品表现形式,双向的、快捷的信息传播模式,将互不见面的交易双方的意愿表达得淋漓尽致,也留给对方充分思考的时间。因此,网络营销者不仅要熟悉传统的营销技巧,而且需要掌握相应的计算机和网络技术知识,以一系列新的促销方法和手段,促进交易双方撮合。

二、网络营销促销与传统营销促销的区别

虽然传统的促销和网络促销都是让消费者认识产品，引导消费者的注意和兴趣，激发他们的购买欲望，并最终实现购买行为，但由于互联网强大的通讯能力和覆盖面积，网络促销在时间和空间观念上，在信息传播模式上以及在顾客参与程度上都与传统的促销活动发生了较大的变化。网络促销与传统促销的区别见表8－1。

表8－1　网络促销与传统促销的区别

	网络促销	传统促销
时空观	电子时空观	物理时空观
信息沟通方式	网络传输、形式多样、双向沟通	传统工具、单向传递
消费群体	网民	普通大众
消费行为	大范围选择、理性购买	冲动型消费

（1）时空观念的变化。网络技术的发展打破了传统的地理位置和区域的限制，使全球逐步成为一体，在产品流通中，传统产品的销售和消费者群体有地理位置和区域的限制，而网络促销就突破了这个限制，使之成为全球范围的竞争。传统的订货都有时间的限制，而网络订货可以在任何时间、任何地点、全天候24小时都可以进行。这种空间和时间的变化都要求网络营销者随时调整自己的促销策略。

（2）信息沟通方式的变化。促销是通过买卖双方信息的沟通来实现的，在网络上，信息的沟通都要通过线路的传递来完成。多媒体信息处理技术的发展，为买卖双方及时沟通信息提供了很好的前提条件。买卖双方这种互不见面、双向、快捷的信息传播模式把各自的意愿表达得非常明确，同时也为对方留下了充分思考的时间。在这种环境下，传统的促销方法是无能为

力的。所以,网络营销者需要掌握一系列新的促销方法和手段适应环境变化的需求,促进产品的销售。

(3)消费群体和消费行为的变化。在网络环境下,消费者的概念和客户的消费行为都发生了很大的变化。在这一时期内个性消费称为主流。不同的网络消费者因所处的社会经济环境不同而发生不同的需求;不同的消费者即使在同一需求层次上,他们的需求也会有所不同。上网购物者是一个特殊的消费群体,由于网络技术的发展,这些消费者可以获得大量的商品信息,直接参与生产和商业流通的循环,可以普遍大范围地反复选择和更理性地购买。这些变化对传统的促销理论和模式产生了重要的影响。

(4)对网络促销的新理解。虽然网络促销与传统促销在促销观念和手段上有较大差别,但他们推销产品的目的是相同的。所以,对于网络促销的理解,一方面,应当站在全新的角度去认识这一新型的促销方式,充分利用好网络这一新技术促进产品的销售;另一方面,则应当通过与传统促销的比较去体会两者之间的差别,充分吸取、利用传统促销方式的整体设计思想和行之有效的促销技巧,打开网络促销的新局面。

三、网络营销促销策略的形式

网络营销是在网上市场开展的促销活动,其促销形式分别是网络广告、销售促进、站点推广和关系营销。其中,网络广告和站点促销是主要的网络营销促销形式。网络广告已经形成了一个很有影响力的产业市场,因此网络广告是企业的首选促销形式。

(一)网络广告

网络广告根据形式不同可以分为旗帜广告、电子邮件广告、电子杂志广告、新闻组广告、公告栏广告等。网络广告主要是借助网上知名站点(如 ISP 或者 ICP)、免费电子邮件和一些免费公开的交互站点(如新闻组、公告栏)发布企业的产品信息,对企业和产品进行宣传推广。网络广告作为有效和可控制的促销手段,被许多企业用于在网上促销,但花费的费用较多。

(二)站点推广

站点推广就是利用网络营销策略扩大站点的知名度,吸引上网者访问网站,起到宣传和推广企业以及企业产品的效果。站点推广的目的就是最大限度提高企业网站的品牌形象,提高访问次数,从而传递企业及其产品信息,让消费者产生消费欲望和购买行为。要达到这一目的,必须遵循效益/成本原则、锁定站点推广的目标受众原则、稳定慎重原则和综合安排实施原则。站点推广主要有两大类方法:一类是通过改进网站内容和服务,吸引用户访问,起到推广效果;另一类是通过网络广告宣传推广站点。前一类方法费用较低,而且容易稳定顾客访问流量,但推广速度比较慢;后一类方法,可以在短时间内扩大站点知名度,但费用不菲。

(三)网上销售促进

网络销售促进就是在网上市场利用销售促进工具刺激顾客对产品的购买和消费使用。企业利用可以直接销售的网络营销站点,坚持针对性原则、可行性原则和创意多变原则,采用一些销售促进方法如价格折扣、有奖销售、拍卖销售、网上抽奖、网上积分促销、联合促销、优惠券、链接等方式,宣传和推广产品。

(四)关系营销

关系营销也叫网络公共关系,是通过借助互联网的交互功能传递企业信息,唤起人们的兴趣,从而提高企业在公众中的形象,吸引用户与企业保持密切关系,培养顾客忠诚度,提高企业收益率。关系营销主要的实现工具有电子报纸杂志、电子邮件、网络视频、企业网站、网络论坛、网上会议等。

四、网络营销促销策略的作用

网络营销者要想提高企业网站知名度，提高经济效益，必定需要进行网络促销，网络促销具有以下几个作用。

（一）告知作用

网络促销能够把企业的产品、服务、价格等信息通过网络传递给目标受众（消费者或企业网站访问者），以引起他们的注意。

（二）说服作用

网络促销的目的在于通过各种有效的方式，消除潜在消费者对产品或服务的疑虑，说服目标公众购买企业的产品或服务。例如，在许多同类商品中，顾客往往难以察觉各种产品间的微小差别。企业通过网络促销活动，宣传自己产品的特点，使消费者认识到该产品可能给他们带来的利益或特殊效用，进而选择本企业的产品。

（三）反馈作用

结合网络促销活动，企业可以通过在线填写表格或电子邮件等方式及时地收集和分析消费者的意见和需求，迅速反馈给企业的决策管理层。由此所获得的信息准确性和可靠性高，对企业经营决策具有较大的参考价值。

（四）创造需求

运作良好的网络促销活动，不仅可以诱导需求，而且可以创造需求，发掘潜在的顾客，拓展新市场，扩大销售量。

（五）稳定销售

一个企业的产品销售量，可能时高时低，市场地位不稳。企业通过适当的网络促销活动，树立良好的产品形象和企业形象，往往有可能改变消费者对企业及产品的认识，使更多的用户形成对本企业产品的偏爱,提高产品的知名度和用户对本企业产品的忠诚度,达到锁定用户、实现稳定销售的目的。

五、网络营销促销策略的实施过程

对于任何企业来说,如何实施网络促销都是一个新问题,每一个营销人员都必须摆正自己的位置,深入了解产品信息在网络上传播的特点,分析网络信息的接收对象,设定合理的网络促销目标,通过科学的实施程序,打开网络促销的新局面。根据国内外网络促销的大量实践,网络促销的实施程序可以由 6 个方面组成。

(一)确定网络促销对象

网络促销对象是针对可能在网络虚拟市场上产生购买行为的消费者群体提出来的。随着网络的迅速普及,这一群体也在不断膨胀。这一群体主要包括 3 部分人员:产品的使用者、产品购买的决策者、产品购买的影响者。

(二)设计网络促销内容

网络促销的最终目标是希望引起购买。这个最终目标是要通过设计具体的信息内容来实现的。消费者的购买过程是一个复杂的、多阶段的过程,促销内容应当根据购买者目前所处的购买决策过程的不同阶段和产品所处的寿命周期的不同阶段来决定。

(三)决定网络促销组合方式

网络促销活动主要通过网络广告促销和网络站点促销两种促销方法展开。但由于企业的产品种类不同,销售对象不同,促销方法与产品种类和销售对象之间将会产生多种网络促销的组合方式。企业应当根据网络广告促销和网络站点促销两种方法各自的特点和优势,根据自己产品的市场情况和顾客情况,扬长避短,合理组合,以达到最佳的促销效果。

网络广告促销主要实施“推战略”，其主要功能是将企业的产品推向市场，获得广大消费者的认可。网络站点促销主要实施“拉战略”，其主要功能是将顾客牢牢地吸引过来，保持稳定的市场份额。

(四)制订网络促销预算方案

在网络促销实施过程中，使企业感到最困难的是预算方案的制订。在互联网上促销，对于任何人来说都是一个新问题。所有的价格、条件都需要在实践中不断学习、比较和体会，不断的总结经验。只有这样，才可能用有限的精力和有限的资金收到尽可能好的效果，做到事半功倍。

(五)衡量网络促销效果

网络促销的实施过程到了这一阶段，必须对已经执行的促销内容进行评价，衡量一下促销的实际效果是否达到了预期的促销目标。

第四节　网络营销渠道策略

营销渠道策略是企业市场营销组合的重要组成部分，是为了协调生产与消费之间在数量、品种、时间、地点等方面的矛盾，达到扩大市场，满足市场需求，实现企业目标的重要策略。网络营销渠道的出现，越来越显示出它的强大优势。无论传统企业还是现代企业都越来越重视建立和借助互联网这个渠道或媒体开展市场的竞争。

一、网络营销渠道的概念与功能

(一)网络营销渠道的概念

营销渠道是指与为提供产品或服务以供使用或消费这一过程有关的一整套相互依存的机构，它涉及信息沟通、资金转移和实物转移等。与传统营销渠道一样,网络营销也要选择一定的营销渠道,网络营销渠道是指借助互联网将产品从生产者转移到消费者的中间环节。一方面要为消费者提供产品信息,与消费者开展互动的双向信息沟通;另一方面,在消费者选定产品后能迅速地完成各项交易手续,从而实现企业的营销目标。

(二)网络营销渠道的功能

网络营销渠道的目的是为了更方便、更快捷地把商品和服务送到消费者的手中。具体而言,网络营销渠道有三大功能,订货功能、结算功能和配送功能。

(1)订货功能。它是为消费者提供产品信息,供消费者有效选择,同时方便厂家获取消费者的需求信息,以达到供求平衡。一个完善的订货系统,可以最大限度地降低库存,减少销售费用。

(2)结算功能。消费者在购买产品后,可以有多种方式方便地进行付款,因此厂家(商家)应有多种结算方式。目前,比较流行的结算方式是网上支付。

(3)配送功能。在前面的介绍中我们已经认识到网络营销产品主要分为有形产品和无形产品两大类。对于无形产品,可以直接通过网上进行配送。对于有形产品的配送,涉及运输和仓储问题。目前,国内外已形成专业配送公司,中国的第三方物流配送整体水平不高,所以有部分企业选择自己做物流。

二、网络营销渠道的优势

互联网给企业提供了一种全新的营销渠道,它突破了传统营销渠道的地域限制,把企业和消费者连接在一起,这种新的渠道不仅简化了传统营销渠道的层级构成,而且将售前、售中、售后服务为一体,因此,具有传统营销渠道所无法比拟的优势。

(一)成本优势

在网络环境下的营销,无论是直接分销渠道还是间接分销渠道,都较传统的营销渠道在结构上大大减少了中间的流通环节,因而有效地降低了交易费用,缩短了销售周期,提高了营销活动的效率,具有很强的成本优势。而传统营销渠道具体有以下两个方面:一方面,通过传统的直接分销渠道即直销方式销售产品时,企业通常采用有店铺直销和无店铺直销两种具体方法。另一方面,通过传统的间接分销渠道销售产品,中介机构是必不可少的,而且中介机构往往还不止一个。而中介机构越多,流通费用就越高,从而使产品在价格上不具有竞争优势,产品的竞争能力也就在其流转过程中渐渐丧失了。

(二)结构优势

网络营销渠道分为网络营销直销和网络营销间接分销渠道,直接分销渠道是零级分销渠道,这和传统的直接分销渠道一样,但是,网络的直接分销渠道能通过互联网提供更多的增值信息和服务。网络营销的间接分销渠道只有一级分销渠道,不存在多个中间商的情况,因而也就不存在多级分销渠道,能大大减少渠道之间的内耗和渠道成员的管理难度。

(三)功能优势

网络营销渠道使全球商务更加便捷,方便客户随时随地进行信息搜寻及交易的实现;提供了双向的信息传播模式,使生产者和消费者的沟通更加方便畅通;是企业销售产品、提供服务的快捷途径,使传统渠道实现商品所有权转移的作用进一步加强;是企业间洽谈业务、开展商务活动的场所,也是进行客户技术培训和售后服务的理想园地,基于 Internet 的在线服务是企业向客户提供咨询、技术培训和进行消费者教育的平台,对树立企业的网络形象起到很大的作用。

三、网络营销渠道的类型

在传统营销渠道中,营销中间商是营销渠道中的重要组成部分,他们凭借其业务往来关系、经验、专业化和规模经营,提供给公司的利润通常高于自营商店所能获取的利润。但互联网的发展和商业应用,使得传统营销中间商凭借地缘原因获取的优势被互联网的虚拟性所取代,同时互联网的高效率的信息交换,改变着过去传统营销渠道的诸多环节,将错综复杂关系简化为单一关系。但作为分销渠道,网络营销渠道也分为两种形式:网络直销渠道和网络间接分销渠道。

(一)网络直销

(1)网络直销渠道的概念。网络直销渠道是指企业通过互联网事先的从生产者到消费者的网络直接营销渠道。常用的网络营销直销渠道是建立自己的网站或委托信息服务商发布信息来直接销售产品和服务的渠道。

(2)网络直销的优点。网络直销与传统直接分销渠道一样,都是没有营销中间商。但相比传统直接分销渠道,网络直销具有以下优点:能够促使产需直接见面;对买卖双方都会产生直接的经济效益;营销人员可以利用多媒体技术和网络工具充分展示商品的特点,使消费者能快速得到有关商品的充足信息,享受个性化服务;能使企业及时了解用户对产品和服务的意见,从而针对性地处理这些意见,提高产品质量,改善经营服务,实现定制营销。

(3)网络直销的缺点。互联网确实使企业有可能直接面对所有顾客,但这又仅仅只是一种可能,面对数以亿计的网站,只有那些真正有特色的网站才会有访问者,直接销售可以多一些,但绝不是全部。互联网给企业带来的更为现实的问题是“赢者通吃”。要解决这个问题,一是尽快建立高水准的专门服务于商务活动的网络信息服务中心。但这对于一般的企业来说难度较大,在国外绝大多数的企业还都是委托专门的网络信息服务机构。二是借助网络的间接销售渠道。

(二)网络间接分销渠道

1. 网络间接分销渠道的概念

销售市场中介是为生产企业之间、生产企业与最终消费者之间提供各种服务的企业和组织。网络间接分销渠道是指生产者通过融入了互联网技术后的中间商机构把产品销售给最终用户,这些网络市场中介又被称为电子中间商,是借助互联网技术利用电子商务平台实现产销、供需沟通的中间商机构。如目录服务商、搜索引擎服务商、虚拟商场、网络内容服务商、网络零售商、虚拟集市等。

2. 网络中间商的选择

企业选择网络间接分销渠道策略,必须善于选择网络中间商或电子中间商。电子中间商的选择一般需考虑5个方面的因素,又称为5C因素。

(1)成本(cost)。成本是指使用电子中间商信息服务时的支出。主要分为两类:一类是网站建设费用,在中间商网络服务站建立主页时的成本;另一类是维持正常运行时的成本。其中,维持成本是主要的,各电子中间商之间的维持成本差别较大,因此要把它作为选择的因素之一。

(2)信用(credit)。信用即指网络信息服务商所具有的信用度的大小。目前,面对众多的信息服务商我国还没有一个权威性的认证机构。因此,选择中间商时应从各方面去考察它们的信用度。

(3)覆盖(coverage)。覆盖是指网络宣传所能涉及的地区和人数,即网络站点所能影响的市场区域。对某一企业来讲,网络站点的覆盖并非越广越好,主要是看市场覆盖面是否合理、有效,是否能够最终给企业带来经济效益。覆盖的宽窄与付费有明显的相关性,企业应结合产品的特点,选择合理的覆盖。

(4)特色(character)。每一个网络站点都是服务于特定的访问群的，都表现出各自不同的特色。因此，企业应当研究这些顾客群的特点、购买渠道和购买频率，为选择不同的电子中间商打下良好的基础。

（5）连续性（continuity）。密切与中间商的关系，与产品的市场寿命周期一样，网站也有其寿命周期。如果企业想使网络营销稳定而持续地发展，就必须选择能不断升级或具有连续性的网络站点，从而在用户或消费者中建立品牌信誉。

3. 网络间接分销渠道的优点

网络间接分销渠道克服了网络直销的缺点，使网络商品交易中介机构成为网络时代连接买卖双方的枢纽。作为网络间接分销渠道中的电子中间商相对于传统市场中介具有一些优势：简化了市场交易的过程，一个中间商可以使多个生产者与多个消费者进行交易；提高了市场能够交易的效率，有利于实现平均订货量的规模化；便于买卖双方信息的收集，真正做到定制营销。

作为生产者和消费者在网络市场中进行交易的中介组织，互联网上的中间商具有提供信息服务和集中网上交易的功能，从而提高了交易效率，降低了交易费用，是传统企业和现代企业主要的营销渠道。

因此，企业可以选择双道法，同时使用网络直接销售渠道和网络间接分销渠道，以达到销售最大化的目的。

第九章 农产品电子商务发展的典型案例

案例一 “加工 + 网店直销”年营业额近千万

王辉辉，是金华市金东区江东镇南下王村的村民，创业采取产销并举方式，以自主设计的雪地靴为主要产品。雪地靴加工厂位于其任职村内，现有生产线 1 条，制鞋机器 20 多台，年产销量达到 35 万双，营业额近 1 000万元。

王辉辉自 2008 年选聘到农村担任大学生村官以来，通过走村入户，发现年纪相对较轻的农村妇女并不再为农活所累，有较为空余的时间和精力，其结合自身曾做过小生意的经验，思索如何解决农村剩余劳动力就业，她从开设网店入手，积累资金和客户群，逐步转向主打雪地靴自产自销的“加工 + 网店直销”模式。既能够带动农村留守妇女和女青年等富余劳动力在家门口实现就业，在创业富民的同时，也较好地解决了网店商品的稳定货源问题，实现质量自控，形成价格方面的优势。现其淘宝店吸纳农村劳动力 5 人，加工厂吸纳劳动力 30 多人，工人月工资达 3 000 ~4 000元。

通过 5 年的电子商务创业，王辉辉积累了一些经验，正在积极着手通过市区创业扶持政策注册其自己的公司，并准备在阿里巴巴国际网站申请“出口通”，扩大销售渠道，增加销量，给越来越多的农村剩余劳动力提供就业机会，从而得到双赢。

案例二　从淘宝商城到实体体验店线上线下融合

徐燕君,2009年10月准备开始创业,因为之前在大学的时候开过淘宝网店,所以当时的想法也是开淘宝网店。在向周边朋友了解了一些相关情况后,发现这个时间点开淘宝店已经迟了,因为对于当时淘宝来说,大部分做得好的店主已经完成了最初的资金积累,已经由单纯的零售商转变为自有加工点的批发商,因此在成本的控制上和销售价格上已经无法与他们竞争,所以只能另辟蹊径。

机缘巧合,徐燕君于2009年底刚好认识一个朋友是做女装批发的,能够在价格上给予很大的让步,因为当时淘宝商城刚刚开始,在弥补了销售价格这个短腿后,根据淘宝商城的规则创立公司,名称叫杭州欧哈服饰有限公司,并租用了M&M这个品牌,开始淘宝商城创业路。创业路十分艰难,最初只是了解了淘宝商城的表面规则,运用的方式也是像早先开淘宝店的,例如淘宝上的周末疯狂购,由原先的符合基本要求任何人都可以参加报名的活动转变为高要求的必须符合一定的销售额或者"用钱铺"的一项活动;再比如,直通车活动,原先淘宝店的任何卖家都能获得足够的店面展示,但是,现在只能通过直通车"烧钱"来获得展示机会,这对于创业初期的徐燕君来说资金吃紧。她及时总结经验教训,就是感觉自身思维固化导致无法与时俱进,无法了解透彻淘宝商城的规则变化。

之后由于在淘宝商城一直无法很好地发展,又想到自己有不错的货源,包括慢慢摸索到网络购物的最大短板实物与图片拥有色差和品质感不同,所以,想通过开实体店把线上客源引入线下体验,一来提升客户购物欲望,二来实体购买网络付账增加信誉度。2010年,徐燕君了解到兰溪市组织部有相关贷款的扶持政策,就向当地信用社贷款20万元,开设了第一家实体体验店。无意之举,反倒使徐燕君成为走在前列的线上线下相结合的实体网络体验店,并在当年实现营业额100多万元,第二年销售额翻番。目前,拥有零售店面两家和批发店面一家,固定员工6人,2014年第一季度实现营业额150多万元。

案例三 “舌尖上的浪漫”助农销售红糖

2009年10月,陈露霞是义乌市上溪镇黄山五村村委会主任助理。经过3年公务员考试失败后,她决定开网店。因为有家人在糖果店工作过,对这一行比较了解,所以她在淘宝网上卖起了糖果。2012年6月底,陈露霞采购了价值6 000多元的糖果。7月初,她的网店“舌尖上的浪漫”正式开张营业,主要经营各大品牌喜糖、零食等食品,还有喜糖盒、请帖,为准新郎新娘提供专业的选择喜糖服务,网店网址: http://chenlx. taobao. com。

刚开始,一个星期只有两三个订单,快递也不上门取货,需要拿到朋友家代发。

经过一年多的经营,陈露霞的网店已有两皇冠的信誉,还雇用了4个人维护店铺的日常运作,每天有六七十笔订单,平均每月营业额达30余万元。在村里季节性特产红糖类麻花上市之际,利用网店信誉高的优势帮助村民在网上销售本地生产的红糖类食品,销售量达到1 000余千克。她的目标是积累一定的资金后,开一家实体店做批发生意,线上线下双管齐下。

案例四 带动农村兄弟姐妹搞“品牌营销”

杨绿杏,创业采取“品牌营销”理念,自创品牌,所售产品由专业厂家贴牌生产,主要通过阿里巴巴和天猫商城销售。目前,团队共吸纳农村劳动力10多人,年销售额800多万元。

2010年开始淘宝创业,先后经营过饰品、童装和水杯,2012

年,随着国内电子商务的飞速发展,很多有实力的卖家都开始转站淘宝商城(后来的天猫商城),拥有自己的品牌,成为进驻商城创业的关键。杨绿杏敏锐地抓住了这个发展契机,当机立断注册成立了永康市凯宇洁工贸有限公司,申请了品牌“驰轩”,经过一番市场考察后,瞄准了汽车用品市场,并在2013年4月在天猫商城开出了第一间店铺,主营汽车洗车机。通过市场推广和自己的不懈努力,2013年的销售额就达到800万元,并吸纳了10多名农村劳动力。在她的鼓励和帮助下,任职所在村的一些留守妇女也以销售代理的身份,由杨绿杏提供货源,尝试网上销售或实体店创业。

目前,杨绿杏共有两家天猫店、一家京东商城店及3家淘宝店,同时还在阿里巴巴诚信通等平台开辟了销售渠道。下一步,她还将陆续引进新产品,扩大销售渠道和规模,带领更多村民创业致富。

案例五 因地制宜寻商机

章帅,现任白洋街道童庐村主任助理。童庐村位于武义县城东边,距县城2公里,村庄内有20余家工业企业。2009年,章帅参加了县里举办的青年创业培训班,接受了很多创业新理念,同时也看到了电子商务的广阔前景,他就有了网上创业的念头。刚开始创业时,章帅考虑到自己任职的村是城郊结合部,不仅有很多“儿童帐篷”等休闲用品的加工点及企业,同时村里还有很多剩余劳动力可以参加产品的加工,解决部分村民的就业,所以就试着将本地村民自己加工的休闲用品“儿童帐篷”放到淘宝上卖。一开始因为产品较冷门,在国内并不能让很多人接受,店铺的运营势头不是很好。2013年,章帅根据市场的需求,调整了产品的经营种类,将其他儿童户外产品也整合到店里来,新增溜冰鞋、滑板车等户外儿童用品,那一年店铺年营业额达到

80万元左右,有了一个质的提升。

2014年,随着互联网产业的迅猛发展,当地组织部门、人社部门也专门出台了商务创业扶持政策,特别在贴息贷款扶持方面比较优惠,激发了章帅大干一番的创业激情。在相关部门的帮助下,章帅新开了一家京东商城、一家天猫商城的店铺,向2015年营业额突破300万元的目标奋力前进。

案例六　微营销助销特色农产品

邵聪,现任婺城区罗店镇西吴村村委委员。邵聪从小在金华的农村长大,对农村有着一种抹不去的情结。她工作的西吴村是全省闻名的"中华鳖养殖专业村",甲鱼产业年产值超2亿元。

西吴中华鳖养殖专业合作社品牌"月升牌"连续五年获浙江省农博会金奖,还是金华市著名品牌。

2013年7月,为了宣传西吴村的甲鱼,她在微博上发起了一个《甲鱼微访谈》网络互动,通过自己在西吴村工作一年来对甲鱼养殖的了解,解答大家对甲鱼的疑问。活动的影响面虽有局限,但她发现甲鱼在网络上有巨大的需求。2013年11月,她尝试着把甲鱼和火腿产品拍照,发到微信好友圈,一开始只是抱着试试看的心理在好友圈销售农产品,并向淘宝卖三文鱼的卖家学习,采用泡沫箱邮寄,并留足出气孔保证甲鱼鲜活。先前农产品须经历"农民→产地小贩→产地大贩→长途运输户→销地大贩→销地小贩→市民"等多个环节,层层加价推高了农产品销售价格,而在网上销售至少可以减少两三个中间环节,给消费者带来实惠,更是提高了农户的利润。2014年上半年销售额达到20余万元。

天气渐凉,甲鱼和火腿的销售正在升温,邵聪正在准备下半年的销售战,依托婺城区西吴中华鳖主导产业园区的区位优势,发展特色农产品网络销售模式，将农产品直接送至消费者手中，免除中间环节，提高养殖户利润。做微信好友圈毕竟有局限，她希望淘宝店运营、团购网站合作能够跟上。她知道，创业的路才刚刚开始。

案例七　用大脑走路用思维创业

华军麒，东阳市六石街道徐庄村人，担任村书记助理一职。创业采取“实体店销售 + 网络平台销售”模式，自主设计定制野餐包皮革制品，通过实体店和义乌购平台销售。实体店位于义乌市国际商贸城，年营业额达200余万元。

2013年9月，市委组织部举办创业培训班SYB，培训如何创办企业，如何经营企业，如何销售产品。这为期一个月的培训使华军麒萌生创业意愿。恰好，在培训期间他的一个朋友说想在义乌国际商贸城开个店，做外贸赚老外的钱，两人一拍即合。华军麒首先对义乌市场进行调研，把自己的优势劣势进行对比。其次，他进行产品选择，起初因现有人际关系将产品定位在餐具系列，在经过市场实际走访以后发现做餐具的店铺很多，竞争压力很大，为此决定找新产品，根据市场占有率跟未来发展趋势，华军麒把新产品定位为野餐包。然后是寻找店铺，由于按照以往惯例10月以后义乌商贸城客人比较多，去寻找商铺时，恰逢此旺季，他和朋友花高价租了一间店铺（比周边店铺贵4万元/年）。最后，华军麒在产品定位好以后积极联系代理工厂，一开始能与他们达成战略合作的厂家很少，以至于开店一个月了样品都没有摆齐。但这点困难并没有难倒他，他想着村官工作上再累再烦的事情还要多呢，都挺过来了。经过两个月不懈的努力，他们的店铺终于成型了，生意也渐渐走上正轨。

经过实践证明，华军麒对新产品的定位是比较成功的，野餐包客户订单不断，2014年初就出现厂家来不及供货的情况。为此,华军麒寻找新的代工点,现在已经发展到3个厂家。

到2014年10月,店铺的销售额已经突破300万元,对于刚刚起步的他们来说,很不容易。但华军麒也看到了不少压力,由于他们野餐包卖得比较好,跟风企业不断涌来,基本每星期都有想来模仿他们产品的企业,为了以后的发展能突破瓶颈,华军麒对未来有以下几方面考虑:首先,创办自己的企业,带领村民致富,经过一年找人代工后发现,代工有很多弊端,未来计划自己创办工厂进行加工。其次,要坚持产品创新,对市场保持高度的敏感,对新生产品积极面对。再者,维护好现有厂家,加强合作,保证产量和销量。最后,拓宽销售渠道,转变经营模式,由主营实体模式逐步转变为实体加网络销售。完善"义乌购"平台,新增阿里巴巴平台与义乌全球销平台。未来将是网络的世界,大学生村官可以充分利用自己的能力优势从事电子商务创业,为大学生村官经历添砖加瓦。

案例八　义乌淘宝村——青岩刘村

中国社会科学院信息化研究中心与阿里研究中心第一次联合实地调研义乌青岩刘村,是在2011年8月。走在青岩刘村,会让人有走在当年北京中关村的穿越感,鳞次栉比的公司店面,擦身而过的送货车辆,操着各地口音的年轻的创业家和打工者,在他们中间就活跃着一大批以电子商务为业的人群。

位于浙江省义乌市南郊的青岩刘村,是一个只有1 500人的小村子。2005年进行旧城改造时,村子里建起了200多幢5层高的新式农民房,并按照户籍给每家分配了面积可观的房屋。但同时村民们也失去了本就不多的土地,收入主要靠出租房屋。不过,青岩刘村临近驰名中外的义乌日用百货批发市场,距义乌最大货运市场也仅有一路之隔。众多在小商品批发市场上淘金的生意人纷纷来到青岩刘村租住房屋。房租经济让青岩刘的村民过上了衣食无忧的生活。

2008 年,全球金融危机来袭,传统的批发经济受影响巨大。同时义乌日用百货批发市场为扩大规模,也另迁新址,这一切都对青岩刘村带来巨大影响。作为青岩刘村重要收入来源的房屋出现了滞租,租金一路下滑。如何帮助村民增加收入,带领青岩刘村完成转型,时任村支书的刘文高遇早年做过生意,也是青岩刘村最早接触互联网的人。而今面对下滑的房租经济,刘文高开始在村里挨家走访,他发现当时村里一共有 124 家做淘宝网销生意的租客,在传统外贸批发受阻的背景下,这些以内需为主要目标的淘宝客们没有受到丝毫影响,反倒是生意越发兴隆。于是刘文高就有了利用淘宝来改变村里的经济结构,促进青岩刘村转型的念头。

刘文高在村里成立了电子商务发展促进小组,将当时的 100 多家淘宝网商集中起来,并请网上开店的成功卖家在当地居民和租户中无偿普及开网店创业的知识和经验。从 2009 年初,每个周六,刘文高会召开淘宝网商们的“吹大牛”聊天会,以此推动网商们共享货源,分享建设网站和经营上的技术经验。

经过几年的努力,青岩刘村的“网商 + 房租经济”逐渐走向成熟。“一台电脑外加租间房子,就能来青岩村创业”的便利,吸引着来自全国各地的年轻人来到这里创业,其中,就包括后来成为全球十佳网商的何洪伟和刘鹏飞。青岩刘村向淘宝村转型,不仅让这里的房租租金日渐攀高,原来爱打麻将的村民,也开起了网店。

青岩刘村集聚的网商数量迅速增加,到我们初次调研时,那里的网商已集聚了 2 000多家,网商年营业额增加到 20 多亿元,青岩刘村的网商也走向了整个义乌市。2011 年,义乌全市淘宝集市店超过 4. 5 万家,淘宝商城店超过 500 家。网商经营的范围也是百花齐放。

青岩刘人在探索富民强村的过程中,找到了电子商务这个全新的方式,并通过它打开了通向新商业文明的阶梯。由此,农村不再是原来意义上的农村,成为有志青年电子商务创业的孵化地;农民也不再是传统意义上的农民,更多的成为拥有新商业文明思维的商人。青岩刘现在面临的最大问题,是受实体资源制约。刘文高和他的继任者告诉我们,受此制约,青岩刘“只能作为孵化器,一旦网商长大了,便会感到空间不足,无法大展拳脚,他们就会离开”。不过,作为电子商务的孵化器,青岩刘村已经就功莫大焉。2012 年年初,中国社会科学院信息化研究中心在义乌设立了调研基地。选择在义乌设调研基地,是看中这里作为国际性小商品集散中心,可以为观察和研究电子商务带来的虚拟市场与实体市场互动、流通领域业态创新,提供得天独厚的便利。

案例九　北方义乌——白沟

2013 年 6 月,阿里研究中心涉农电子商务研究团队的专家到白沟实地调研。白沟是中国北方著名商镇,原属河北保定高碑店市。2010 年 9 月,保定市正式挂牌成立白沟新城。在地方经济发展上,白沟以先市场经济,后商场经济,再工厂经济的发展模式而闻名。

在电子商务发展上,根据淘宝数据,2012 年,包括白沟在内的高碑店市淘宝销售额超过 20 亿元,在所有的县级区域排名全国第 14 位,是整个北方地区排名最高的县市。特别是从淘宝销售额占 GDP 比重来看,高碑店市占比超过 20%,仅次于义乌。

根据调研得到的信息,白沟目前有淘宝卖家 2 000 ~ 3 000 家。主要构成为:原有商户、新进创业者、当地农民。大致 2007 年前后,白沟开始由传统商户向电子商务转变。直到 2009 年,一些网店卖家拿着“网单”去实体商场组织货源,仍不太受欢迎。货源供应商不愿意接“网单”的主要原因,是他们认为网店卖家除了比较挑剔,对质量要求严格外,还爱砍价,单品的数量少。不过，自2010年起，情况发生了明显转变。淘宝在白沟成了一个热门词汇，现在当地经营者对阿里巴巴、聚划算、天猫都耳熟能详。传统商户们开始欢迎“网单”，虽然网上卖家的“网单”对产品要求依然严格，价格要求依然要低，但是数量变大。目前订货，卖家一般都是100～200个开始订，而且补货率很高。工厂也愿意做翻单，因为可以降低成本。

类似于我们在义乌调研看到的情况，电子商务的发展，令当地市场出现了新业态，比如网供的出现。所谓网供，其实是介于生产商和线下供货商与淘宝卖家之间的网货经纪人，他们专门为白沟本地的网上卖家，组织线下货源。网供产生原因是，淘宝卖家的需求是货品库存单品（SKU）品种要多，每种单品量要小；而工厂的需求是SKU要少，单品量要大，这两种需求的差异，催生了网供。其典型的交易模式是，网供通过网店卖家的“网单”发现好产品，下单给工厂，工厂生产出来之后，网供放到自己仓库，再分销给小卖家，在此过程中存在物权的转移。产品的需求发起，分两种情况：一是选品能力强的网供，确定款式向工厂下单；二是同下游卖家关系密切的网供，会根据和集合卖家的需求来下单。这种网供的形态，比较符合白沟“前店后厂”的情况，与义乌“混批”相比，产生原因相同，在表现形态上与其中一些直接向代工厂下单的混批经营者相似。在白沟，规模大的网供，年营业额上千万。而在义乌，规模大的混批经营商，年营业额可达上亿、几亿量级。

白沟电子商务的发展，带动了当地和周边的第三方服务企业。以快递企业为例，国内能数得上来的快递公司，基本都在白沟有业务网点。其中，韵达快递的网点2008年设立，现有50名操作人员，还有几十名送货员，业务量在河北省排名第二，仅次于石家庄。其物流订单，80%来自淘宝，90%以上来自电子商务，每天发货8 000单左右。除快递外，白沟还有很多专门从事拍摄的工作室，有几十家，摄影师都是来自外地；包装纸箱，则由周边的雄县出产。

主要参考文献

黄道新 . 2016. 中国农村电子商务案例精选[M]. 北京:人民出版社 .
刘立民,曾立新 . 2014. 农产品电子商务 100 问[M]. 北京:中国农业出版社 .
罗泽举 . 2015. 农村电子商务的理论与实践[M]. 北京:中国农业出版社 .
孟庆伟,王涛 . 2016. 电子商务基础与应用教程[M]. 北京:中国铁道出版社
涂同明,涂俊一,杜凤珍 . 2011. 农村电子商务[M]. 武汉:湖北科学技术出版社 .
张格余 . 2016. 电子商务基础与实务[M]. 北京:机械工业出版社 .
张珺 . 2015. 电子商务案例与实践[M]. 北京:中国农业出版社 .
朱克西 . 2015. 农村电子商务操作指南[M]. 昆明:云南科学技术出版社 .